AF439373

Ignacio Parra

APUNTES PARA LÍDERES

JURADO
Grupo Editorial

Introducción

Podría decirse que el liderazgo es un tema bastante trillado, con muchas definiciones y aplicaciones que hace un tanto difícil definir un estilo particular o único para una organización determinada. He escrito este libro, desde un punto de vista personal y basado en mi experiencia en diversos roles ejecutivos, directivos, y gerenciales, en un intento de delinear una definición práctica a un concepto bastante enredado. Deseo contribuir mis vivencias y las lecciones aprendidas con el objetivo de destacar los rasgos característicos de un liderazgo positivo. Así mismo, compartir ideas para ser un líder sobresaliente, equipado para producir resultados sobresalientes, y que ese líder sea capaz de desarrollar a otros lideres y evolucionar equipos a niveles de alto rendimiento.

El ser humano, la familia, la sociedad, y las organizaciones tienen la necesidad de dirección, de alguien que los guíe por el camino correcto para alcanzar objetivos y logros. La persona que reúne y llena dicha necesidad, es aquel a quien se le llama líder. Es quien logra canalizar la actividad social y personal hacia la realización de metas. Es aquel capaz de influir en los demás y conducirlos a nuevas realidades. Líder no es aquel que se siente superior a los demás sino el que ayuda e inspira a sus seguidores, impacta en la sinergia de equipos de trabajo que evolucionan a altos niveles de competencia, en los que no se busca ganar por ganar, antes bien, el buen líder establece una Visión y equipa a su gente para alcanzarla, siempre pensando 'cómo podemos ser mejores', 'cómo ganamos todos'.

Muy temprano en mi carrera pude comprender que la sociedad y el mundo lo que realmente necesitan es más líderes y menos jefes. En mi trayectoria personal y profesional he podido discernir muy bien esa diferencia, aprendiendo en diferentes organizaciones lo que se debe y no se debe hacer en términos de liderazgo.

En lo personal, la vida me ha permitido ejercer un liderazgo en mi familia, en comunidades, en organizaciones sin fines de lucro, en empresas públicas y privadas. Difícilmente en ese tiempo he podido construir una definición conceptual de liderazgo.

Quiero destacar acá algunos conceptos para referencia del lector, que llamaron mi atención y se identifican con el estilo que he desarrollado en cuarenta años de carrera:

Liderazgo significa el ser capaz de ser efectivo en un clima de cambios, desorden y ambigüedad.

Los líderes son personas extraordinarias, quienes asumen posiciones de influencia para posteriormente moldear los eventos.

El líder es aquella persona que gracias a su personalidad y cualidades, dirige un grupo social en donde los miembros participan de manera activa en la realización de las tareas a cubrir.

El liderazgo es la interacción entre el líder y su equipo.

Me atrevo a asegurar que el liderazgo ideal es aquel en el que líder y equipo buscan acuerdos mutuos para la ejecución y la toma de decisiones, se busca la colaboración de todos los participantes, resultando que el ambiente sea favorable, que el trato existente sea respetuoso y cordial, y que los colaboradores aporten y logren trabajar de manera óptima.

Estos apuntes abordan el tema de liderazgo de manera sencilla, con sugerencias y consejos aplicables al liderazgo personal, al familiar, al organizacional, al formal. Son ideas y lecciones extraídas del día a día, y que han sido aplicadas y probadas suficientemente en diferentes entornos, con resultados favorables.

Creo que el líder nace y se puede desarrollar mediante observación, guía y práctica. Formar habilidades de liderazgo no sucede accidentalmente; requiere un esfuerzo intencional. Acá el lector encontrará elementos suficientes para pulir sus habilidades de conductor y guía, que le permita armar equipos ganadores, desarrollar otros líderes y equiparlos a todos para la consecución de resultados excelentes, inspirando a los colaboradores, cuidándolos, protegiendo su equilibrio vida-trabajo, favoreciendo el trabajo remoto si aplicara, y promoviendo ambientes de trabajo diversos e inclusivos.

Estos tiempos requieren y demandan otro tipo de líderes, personas que se ocupen del desarrollo y de los resultados de la organización, pero que también cuiden de sus colaboradores y del entorno que les rodea: medio ambiente, competitividad, responsabilidad social, salud, etc., con liderazgo de servicio y centrado en principios.

Nueve áreas de atención para nuevos gerentes y potenciales ejecutivos

Introducción · 7

1. Liderazgo· · · · · · · · · · · · · · · · · · · 13

2. El poder de una Visión · · · · · · · · · · · · · 27

3. Creando equipos ganadores · · · · · · · · · · · 33

4. Cuidando al equipo · · · · · · · · · · · · · · · 43

   Inspirando

   Desarrollando

   Delegando

5. Comunicación efectiva · · · · · · · · · · · · · 70

6. Liderando con el ejemplo· · · · · · · · · · · · 75

   En el hogar

   Con una sola Ética

   Con sacrificios

   Ejerciendo influencia positiva

   Siendo agente de cambio

7. Calidad en la ejecución · · · · · · · · · · · · 94

8. El valor de un Mentor · · · · · · · · · · · · · 98

9. Manejando el conflicto · · · · · · · · · · · · · 101

Capítulo 1. Liderazgo

"…cualquiera puede tomar el timón, solo el líder es capaz de mantener el curso"

Generalmente las organizaciones están en busca de oportunidades de mejora, de crecimiento, de incremento de la productividad y de mayor rentabilidad. Invierten en lo último en Tecnología, diseñan campañas de mercadeo innovadoras y agresivas, reinventan la estructura organizacional, cambian altos ejecutivos, etc., siempre buscando la fórmula mágica que los conduzca al éxito.

Pero ¿cuál es la clave para el éxito? Estoy convencido que la clave es el liderazgo positivo. Todo depende de ello. Si un equipo tiene un gran líder entonces puede conseguir todo lo necesario para alcanzar mayores niveles de ejecución. El personal determina las potencialidades del equipo, la Visión señala la dirección, el liderazgo conduce hacia el éxito.

Hace varios años me entregaron un grupo de empleados y me dijeron: "Haz lo que puedas con ellos. Creemos que ya no tienen remedio".

Temeroso ante la posibilidad de un fracaso los tomé cuidadosamente en mis manos, busqué entender sus motivaciones e intereses, entendí muy bien sus fortalezas y oportunidades y en menos de 6 meses ya había minimizado sus debilidades y amenazas. Llegué a tener en ellos uno de los mejores equipos que he podido conducir, entonces me convencí de que "no existen equipos malos, se trata de que no tienen la dirección adecuada".

El líder positivo, aquel que realmente cuida de su equipo, puede hacer maravillas por y para la gente. No importa de qué material estén hechos los miembros del equipo, siempre pueden llegar a ser tesoros si se les da la dirección adecuada, se les faculta, se les da autoridad, se les cuida, se les inspira y se les conduce con firmeza.

Como líderes positivos no queremos gente que solo diga "Si Sr.", necesitamos un equipo que se comunique directa y honestamente. También queremos que nuestros colaboradores desplieguen respeto, el mismo respeto y lealtad que queremos mostrar a nuestros superiores.

Liderar no es fácil, pues se requiere trabajo duro y sacrificios personales, además de la toma de decisiones difíciles e impopulares de vez en cuando.

Nuestro accionar frente a nuestros líderes nos facilitará la tarea de motivar y conducir a nuestro equipo. Ellos harán con nosotros lo que nos ven hacer.

Cualidades del líder

Aquel que es o quiere ser un líder positivo, debe reunir al menos las siguientes cualidades:

- Integridad
- Fortaleza de carácter
- Estabilidad
- Firmeza de palabra
- Respeto por otros
- Honor
- Ajeno al chisme, murmuración, o cualquier clase de palabra o acto dañino

La mayoría de los líderes positivos no aspiran a ser grandes líderes; anhelan ser grandes personas. Las cualidades personales conducen a cualidades de liderazgo.

La gente sigue a aquellos que conducen bien sus propias vidas.

Si queremos un liderazgo que dure, prestemos atención a estos cuatro elementos:

- Carácter… nos faculta para hacer lo correcto, aunque parezca difícil
- Perspectiva… nos permite entender qué debemos hacer para lograr el objetivo
- Valor… el necesario para tomar acciones y asumir los riesgos necesarios
- Carisma… para atraer, inspirar y facultar a otros a que se unan a la causa

Definitivamente un líder debe poseer iniciativa y las principales características de ello son:

- El líder sabe lo que quiere
- Se pone en acción
- Toma más riesgos
- Comete más errores

- Actúa con pasión

Los líderes exitosos trabajan con un propósito y hacen que cada acción cuente o valga la pena. Generalmente saben lo que están haciendo y por qué. Se caracterizan por:

- Tener un propósito bien definido por el que vale la pena luchar
- Conocen sus fortalezas y debilidades
- Tienen claras sus prioridades y responsabilidades
- Saben decir "no"
- Son comprometidos

Confianza, credibilidad

De nuestra seguridad depende cuan firme sea nuestro liderazgo.

Debemos sentir y mostrar seguridad, aunque las cosas no vayan bien, cuando los fondos escasean, si nuestras ideas son rechazadas o sencillamente cuando dejamos de gustarle a la gente.

Si nos sentimos inseguros, fácilmente podemos desviarnos de nuestra Misión cuando surja alguna dificultad, y nuestros temores socavarán las bases de nuestro liderazgo.

La credibilidad es uno de los ingredientes principales de un líder exitoso. El que actúen de acuerdo con lo que dicen les agrega tremendo valor y los hacen imitables. Nunca piden a otros hacer lo que ellos jamás han hecho.

Mediante un liderazgo abierto, signado por altos estándares, humilde, sin ostentación, conducirá a otros a altos niveles de desempeño y creará fácilmente otros potenciales líderes.

¿Malos líderes? Si los hay, son aquellos impetuosos, volátiles, indisciplinados, centrados en si mismos, arrogantes, temperamentales e impredecibles individuos, en quienes nadie confía y por consiguiente nadie sigue. Cuando el sólido piso de la confianza en el líder se erosiona, ya no hay remedio. Cuidado si su liderazgo exhibe algunos de los síntomas arriba mencionados.

Esos líderes inseguros de sí mismos son altamente peligrosos, para sí mismos, para su equipo y para toda la organización. Ellos se destacan por lo siguiente:

- No proveen seguridad a otros
- Toman de los demás más de lo que pueden dar a cambio
- Limitan continuamente a su mejor gente
- Frenan a la organización

Confianza es la base del liderazgo. Mostrar respeto y consideración a quienes nos precedieron en la posición y a quienes nos dirigen, establece el fundamento más sólido para nuestro éxito y el de nuestra organización.

Acá hablamos de integridad, humildad, sumisión a la autoridad, sin dejar de lado firmeza y convicción en nuestros principios.

Valor, carácter

Generalmente los progresos de una organización están asociados a decisiones valerosas tomadas por sus líderes.

Cuando los retos frente a usted le exijan decisión y acción, considere estas notas acerca del valor y coraje necesarios:

- El valor no es una ausencia de temor, es poder hacer lo que se teme hacer
- Valor es hacer las cosas correctas, no solo las suaves
- ¡El valor de un líder inspira compromiso en sus seguidores… es contagioso!
- El valor abre puertas… su vida se expande en proporción a su valor

Los líderes no pueden elevarse más allá de las limitaciones de su carácter. En la medida en que un líder maneja las circunstancias de la vida, podemos discernir mucho acerca de su carácter.

El carácter se pone de manifiesto ante una crisis o una adversidad; es una cualidad caracterizada por ser algo más que simplemente hablar, implica actuar, aun cuando esa actuación pueda traer consecuencias.

La falta de valor puede eventualmente sabotear la buena labor de un líder. La Historia está llena de lecciones en ese sentido. Algo para tomar en cuenta es:

- Valor y cobardía con contagiosos
- Si no hay valor, no importa cuan buenas sean las intenciones del líder
- Sin valor, el líder es esclavo de su propia inseguridad
- Un líder sin el valor necesario nunca se aventurará más allá de lo que le es familiar
- A un líder cobarde el pánico ante nuevos retos lo destruirá

Muchos líderes se ven en situaciones extremas, delicadas o riesgosas que obligan a tomar alguna decisión. El no hacerlo en las circunstancias adecuadas puede dar lugar a una decisión con resultados negativos y quizá un impacto desastroso para su carrera.

Lo más recomendable es:

- Nunca tomar una decisión mayor durante un período de crisis emocional
- Actuar de manera proactiva, no reactiva
- Responder a las siguientes preguntas antes de proceder:
  - ¿Estoy a la defensiva o a la ofensiva?
  - ¿Estoy siendo reactivo o creativo?
  - ¿Manejo mis prioridades o alguien lo hace por mí?
  - ¿Soy objetivo o simplemente complazco a la gente?

Algunos líderes todavía tenemos que aprender cómo poner en primer lugar las cosas principales. Muchos hemos sido inconsistentes y hemos tomado decisiones irracionales, pero siempre es posible aprender y mejorar.

Comenzando con algo de pasión y enfoque en la excelencia, podemos lograr identificar en medio de todo lo que demanda nuestra atención, qué es necesario hacer primero, así como qué es realmente necesario hacer.

Hay una tendencia a dejar que las cosas urgentes desplacen a las importantes. Al enfocar nuestra atención a las cosas verdaderamente importantes, nuestro liderazgo alcanzará alturas inesperadas.

Tome el mando con valor

Demuestre que es capaz de proveer la dirección adecuada y se ganará la confianza y respeto de su equipo u organización.

La gente tiende a seguir a aquellos cuyo liderazgo ellos respetan. Casi siempre buscan la dirección de aquellos que sean mejores.

Cuando grupos de personas se reúnen por primera vez, los que tienen cierto liderazgo de inmediato se hacen cargo. La gente comienza a ver y a moverse en diferentes direcciones al principio mientras conocen y entienden la situación. Una vez reconocen al líder más fuerte o al de su preferencia, se pliegan a él.

La actitud hace la diferencia, especialmente si es una actitud positiva.

El desarrollo de una actitud positiva es clave para llegar a ser un líder efectivo. Revise esta lista acerca de cuánto impacta "nuestra actitud":

- define nuestro enfoque acerca de la vida
- determina nuestras relaciones con los demás
- es generalmente la única diferencia entre éxito y fracaso
- incide en los resultados de una tarea desde el inicio mismo
- puede convertir problemas en bendiciones

Y con persistencia el líder puede superar a sus críticos así como la oposición y pruebas a que es sometido, entre ellas, resistencia, el rumor y el ridículo.

La respuesta correcta a dichas pruebas está en:

- respetar la oposición
- reforzar los puntos débiles
- no renunciar
- reforzar a la gente continuamente

Entienda luego actúe

Los líderes efectivos y positivos aplican la Ley de Navegación, que dice que cualquiera puede tomar el timón, pero solo el líder es capaz de mantener el curso.

El buen líder es un navegante que hace más que controlar el timón. Él ve el plan de viaje completo antes de partir. Un gran líder ve más que otros y más allá que otros, lo que le hace capaz de asimilar prontamente un problema y dibujar la solución en su cabeza; ve antes que otros, anticipa situaciones y problemas, y puede planear adecuadamente.

La intuición es un elemento que distingue a los grandes líderes del resto.

El liderazgo es más un arte que una ciencia. Sus principios son constantes pero su aplicación cambia con cada líder y con cada circunstancia, por lo tanto, se requiere intuición, es decir, la habilidad para discernir, entender y trabajar con factores intangibles y poder lograr los objetivos establecidos. Los líderes positivos y exitosos pueden percibir los más mínimos cambios en el ambiente y en el clima organizacional. Pueden ver cada situación en términos de recursos: dinero, materiales, tecnología y gente. Ven no solo dónde ellos y su equipo han ido, si no, hacia dónde se dirigen.

Aplique discernimiento antes de cualquier decisión. Lea bien a su gente, analice y entonces proceda. Como buen líder intente comprender al equipo y sus necesidades, entienda la situación, revise las prioridades, asegúrese de que el momento es oportuno y entonces si proceda con cautela y determinación. Sus acciones y los resultados dependerán de cómo haya leído usted todos los factores.

Los líderes positivos poseen ciertas características que les permiten discernir adecuadamente:

Son buenos escuchas, flexibles, intuitivos, optimistas, perceptivos, bien conectados.

La capacidad de discernir puede ir más allá del conocimiento. Algunas veces es una cualidad natural, la mayoría de las veces viene con la experiencia. En cualquier caso, el ejercer discernimiento nos da una mejor percepción de lo que está ocurriendo, fuera o dentro de una persona.

Algunas maneras de incrementar el discernimiento:

- Vaya a la causa raíz de los problemas
- Analice sus éxitos pasados
- Evalúe sus opciones
- Amplíe su rango de oportunidades
- Explore lo que otros piensan
- Escuche a su intuición

Sea un modelo

Todos, líderes o no, necesitamos de un modelo para emular. Esa búsqueda puede ser eficaz si hallamos las respuestas adecuadas a las siguientes preguntas:

- ¿Esa persona modelo, merece que yo le siga?
- ¿Tiene otros seguidores?
- ¿Cuál es su principal fortaleza que hace que otros lo sigan?
- ¿Es capaz de reproducir otros líderes?
- ¿Es su fortaleza reproducible en mi vida?
- ¿Qué pasos debo tomar para desarrollar esa fortaleza?

Esta es la base del liderazgo. Los líderes deben ser el ejemplo.

El principio gerencial número uno es: La gente hace lo que ve. Y esto tiene más influencia que cualquier discurso.

Definitivamente, si usted quiere impulsar a su equipo, provéales con mejor liderazgo.

Mientras un gerente puede mantener a un equipo en el nivel mínimo, un líder es capaz de llevar a ese equipo a niveles nunca antes esperados.

El buen liderazgo siempre impulsa, mejora, eleva. El líder es capaz de llevar el pensamiento, la actitud, la confianza y la disposición de su equipo más allá de los límites. Y cómo lo logran:

- Facultando suficientemente para que ejecuten
- Creando un ambiente donde todos quieren ser responsables
- Desarrollando las capacidades individuales
- Aprendiendo y motivándolos a aprender

El rol del corazón

El buen corazón de un líder generalmente lo conduce a asignaciones cada vez más grandes y mayores responsabilidades.

Alguien dijo hace mucho tiempo "No se puede contrariar e influenciar al mismo tiempo".

Si se desea influir en alguien, hay que comenzar por conquistar y consolidar.

Si intentamos ayudar e influir en otros, debemos tener sentimientos positivos por ellos.

Si usted quiere ayudar y causar un impacto positivo, comience por proveer respeto, estima, amor. Y usted quizá se pregunte ¿Por qué tengo que hacerlo así?

La respuesta está en que desafortunadamente mucha gente está desesperada por motivación y ánimo. Consienta, ocúpese genuinamente de alguien y verá el gran impacto que eso causa.

Cultivar y mantener buenas relaciones con su equipo, requiere del líder habilidades muy importantes, todas relacionadas con la gente y el trato que les da. Tres de esas cualidades, que he visto que funcionan son:

Entienda a la gente: si usted puede entender y manejarse con los diferentes tipos de personalidad dentro de su equipo, usted podrá llegar al 100% de ellos

Ame a la gente: vaya más allá de solo querer mandar, busque lo mejor de cada quien y enfóquese en ello, eso demostrará su interés y respeto por los demás

Ayude a la gente: en armonía con lo anterior, usted debe estar más enfocado en las necesidades de su gente que en sacar provecho de ellos. Si así lo hace, ellos también le apreciarán y respetarán.

Es muy importante que los líderes estén dispuestos a servir. Un liderazgo de servicio nunca es motivado por manipulación o autopromoción, no se trata de una posición o habilidad. Es una actitud.

Los mejores líderes son aquellos que desean servir a otros, no a sí mismos. Los verdaderos líderes:

- Ponen a otros por delante de sus propios intereses
- Sirven a otros con gusto, con amor

Los líderes también cometen errores; errar es normal, pero los líderes positivos y exitosos son aquellos que reconocen sus errores, aprenden de ellos y trabajan arduamente para corregir y evitar su recurrencia. Como una característica determinante de los ejecutivos exitosos destaca la disposición para admitir sus errores y aceptar las consecuencias, en lugar de trasladar la culpa a otros.

Un líder dispuesto a aceptar la responsabilidad por sus acciones y ser honesto y transparente con su gente, se ganará la admiración, el respeto y la confianza de su gente. Ese líder es alguien de quien vale la pena aprender.

Los líderes jamás deberían buscar venganza ni el deseo de dañar a alguien solo por vindicarse ellos. Sus acciones, pensamientos y palabras deberán tener siempre un propósito constructivo.

Existen los líderes positivos, aquellos que son amables, firmes pero flexibles, hablan y actúan desde una perspectiva más personal, del corazón. Si un líder positivo tiene que tomar acciones difíciles, el dolor es temporal.

Y están los nocivos, que son duros, difíciles, instigan al conflicto. Generalmente generan dolor y frustración, a veces de manera indefinida.

¿En cuál categoría desea usted ubicarse?

El liderazgo positivo impacta significativamente en cada campo en que actúa.

Si se trata de una empresa, el liderazgo exitoso la conduce a dominar mercados y superar abiertamente a las empresas rivales incluso si estas poseen equipos más talentosos.

En organizaciones sin fines de lucro un buen liderazgo resulta en la captación de mayor gente y voluntarios, y mejor servicio a un número mayor de personas.

Sencillamente, la diferencia entre dos equipos talentosos es su liderazgo.

Primordialmente identifique los valores, necesidades e intereses de su gente. Demuestre genuino interés por ellos, y exhiba lo siguiente: Humildad, Responsabilidad, Capacidad, Prioridades, Atención a los detalles, Disposición para facultar y para premiar.

Capítulo 2. El poder de una Visión

"Deles una Visión común; tendrán identidad,
cohesión, integración y una sola dirección"

Los líderes siempre pueden hallar una vía para conducir a su equipo a la victoria. Pero el liderazgo verdadero se caracteriza por:

- Existencia de un propósito
- Habilidad para captar las necesidades y motivaciones
- Pasión por lo que se hace
- Habilidades y destrezas para resolver
- Poder de atracción y persuasión por la causa

Si usted no intenta descubrir su propósito, probablemente se pase la vida haciendo las cosas incorrectas. Cada persona fue creada con un propósito, es su responsabilidad identificarlo.

Pregúntese: ¿Qué estoy buscando? ¿Para qué estoy aquí? ¿Tengo potencial? ¿Creo en ese potencial? ¿Cuándo comienzo?

Defina su Visión, esa es su arma principal. Para lograrlo es necesario que busque en su interior y comprenda su propósito en la vida. Comprendiéndolo así, usted será capaz de lograrlo todo, o casi todo. Revise también qué es lo que no está funcionando. ¿Dónde está usted descontento? Esa inspiración engendrará nuevas y buenas ideas.

No olvide buscar un buen mentor, alguien que le ayude a refinar y afilar su Visión.

El poder de una Visión es grandioso. Si es bien articulada la Visión nos permite:

- vernos a nosotros mismos
- ver a otros y actuar
- continuar por encima de obstáculos y falta de recursos
- actuar con convicción, confianza y pasión

Es necesario que la Visión sea compartida con el equipo de manera clara, creativa y continua. Para ello, es importante que el mensaje reúna ciertas características como:

Claridad... permite entender mejor lo que la gente debe saber y qué se espera de ellos

Propósito... provee dirección a la Visión

Honestidad... da integridad y credibilidad a la Visión

Pasión... energiza la Visión

Relación... conecta el pasado, presente y futuro

Estrategia... aporta método y procesos a la Visión

Uno de los principales beneficios de una Visión es su poder de atracción. Mientras más grande y retadora sea la Visión, más potencial para atraer ganadores y luchadores tendrá.

La Visión lo es todo para un líder. Un líder sin Visión es alguien sin destino seguro. Ella define los objetivos y provee el combustible para la acción, tanto del líder como de sus seguidores. Si es usted un líder o espera serlo, tome en cuenta lo siguiente acerca de la Visión:

- nace de usted mismo
- debe satisfacer las necesidades de otros
- le ayuda a ensamblar equipos, planes, recursos, etc.

Un líder claro en su Visión, nunca se aparta de ella. Su sentido de propósito lo mantendrá alerta y determinado a dejar una huella positiva en cuanto emprenda. Considere lo siguiente acerca del impacto de tener un propósito en la vida:

- Le mantendrá motivado
- Desarrollará su máximo potencial
- Facilitará que sus prioridades sean correctas
- Le ayudará a evaluar su progreso

Sin retos, mucha gente tiende a fallar. Si hay una Visión para ellos, tendrán dirección y confianza. Esto muestra el poder de una Visión. Si usted puede definir y vivir una Visión por y para su equipo, ellos tendrán buenas probabilidades para triunfar.

Energice su Visión

En el mundo de hoy un inmenso número de personas no tienen un sentido de propósito en la vida, no saben a dónde van.

El establecer una Visión, unas metas, nos da algo concreto para enfocarnos. Las metas tienen un impacto positivo en nuestro accionar, pero ellas deben ser bien definidas y ser realistas. Estas son algunas características deseables:

- Deben ser escritas
- Específicas
- Alcanzables
- Medibles
- Limitadas en tiempo

Un triunfo es un período crucial para cualquier organización. Después de un gran logro pueden aparecer emociones cruzadas como una sensación de alivio, de celebración, de ¿ahora qué?

El lapso después del éxito puede llegar a ser peligroso, especialmente si se carece de metas nuevas. El líder debe estar alerta y preparado para una transición en caso de que el crecimiento continuo dentro de la organización se vea limitado.

El compromiso es primordial en la vida de un líder. Si se le complementa con propósito, perspectiva clara y persistencia, tiene usted la mejor oportunidad para salir airoso ante cualquier reto del tamaño que sea.

El solo hecho de tener una Visión y ocupar una posición de liderazgo no implica que la organización va a seguirlo. Antes de subir a bordo ellos van a necesitar creer. Y eso no ocurre en un instante. La credibilidad y el apoyo necesarios no se obtienen sino es mediante un proceso continuo.

¿Por qué pasa eso? Todos los líderes tienen Visión, pero no todo aquel que tiene una Visión es un líder. Ni una gran Visión va a ser seguida de manera automática. El creer en el líder es requisito indispensable para que la organización esté dispuesta a brindar el apoyo.

No importa si el equipo es pequeño o grande, local o remoto. Si hay una Visión común y valores compartidos, habrá identidad, cohesión, integración, una sola dirección.

Si cada uno adopta los mismos valores, los miembros del equipo pueden tener una conexión a cada uno y al equipo entero. Si el líder no trabaja en función de que el equipo adopte los valores más importantes, los miembros del equipo buscarán crearse su propia identidad.

Los pasos a continuación le pueden ayudar en la noble tarea de armar a su equipo con los valores que impactarán su identidad e incrementarán su potencial. Hágalo con ellos:

- Articule la lista de valores
- Institucionalícelos
- Practíquelos
- Publíquelos

No se conforme con lo establecido, dicho de otra manera "atrévase a romper el molde".

Los riesgos parecieran peligrosos para muchas personas que prefieren quedarse en su zona de confort. Quizá no así para el líder positivo y emprendedor. La diferencia es simplemente la actitud.

Véalo así: liderar, por definición, es ir al frente, rompiendo barreras, abriendo nuevos caminos, conquistando nuevos mundos, no conformándose con lo establecido.

Capítulo 3. Creando equipos ganadores

"Detrás de un hombre capaz, siempre hay otros hombres capaces"

La gente, el activo más valioso

Esto es harto conocido por los líderes, aunque algunas veces tiende a olvidarse y hasta se coloca en posiciones de liderazgo a personas que no tienen esa comprensión y habilidades para el manejo de la gente.

Los siguientes elementos le ayudarán a mantener sus relaciones con los demás en el rumbo correcto:

- No presuma
- Sea directo
- No envidie
- Manténgase cerca
- No olvide sus raíces
- Agregue valor
- No ceda ante la adulación

Los sueños del líder y del equipo

Si usted quiere alcanzar su sueño, o su Visión, entonces crezca, desarrolle a su equipo. Al hacerlo, tenga la motivación correcta. Si usted construye el equipo ideal, su Visión o su sueño casi se alcanzará por sí mismo.

Algunas personas ensamblan un equipo para su propio beneficio. Otros lo hacen para disfrutar de la experiencia y crear un sentido de comunidad. Y unos más, porque quieren construir una organización. Si usted se siente motivado por todas estas razones quiere decir que su deseo de armar un equipo probablemente parte del deseo de agregar valor a cada integrante. Pero si no es así, proceda de inmediato a examinar sus razones.

También, usted como líder puede ayudar al equipo a descubrir sus sueños y a encaminarlos hacia el logro de ellos. Quizá usted ya tenga claro el potencial de cada uno, pero tal vez necesite saber más de ellos. Para poder ayudarles usted debe entender lo que realmente les importa.

Busque respuestas a lo siguiente:

- ¿Cuáles son sus necesidades, intereses y preocupaciones?
- ¿Qué les satisface y enriquece sus vidas?
- ¿Cuáles son sus sueños, metas y ambiciones?

Mucha gente es capaz de reconocer una buena oportunidad cuando ésta ya ha pasado. Eso es demasiado fácil, pero verlas cuando vienen o salir a buscarlas ya es otro tema.

He comprobado que la mejor gente para iniciar una nueva jornada o un nuevo proyecto es aquella que no se sienta a esperar que las oportunidades lleguen. Asumen su responsabilidad y salen a buscarlas.

Si tiene un equipo así, capaz de reconocer las oportunidades y capturarlas a tiempo, esa es la gente que usted necesita a su lado.

El talento no es suficiente

El secreto del éxito no está en alto coeficiente intelectual, o talento extremo, no es simplemente aptitud. Es una cuestión de actitud. He visto equipos muy talentosos que fracasan debido a la actitud de sus integrantes.

Si usted es o quiere ser un buen líder, asegúrese de rodearse de buena gente que combine talento y una actitud extraordinaria. Observe como la actitud impacta los resultados:

Gran Talento + Actitud Horrible = *Pobre Grupo*

Gran Talento + Mala Actitud = *Grupo Promedio*

Gran Talento + Actitud Regular = *Buen Equipo*

Gran Talento + Buena Actitud = *Excelente Equipo*

Tenga cuidado con los perezosos. Los líderes sensatos saben que su tiempo es limitado, que no hay forma de recuperar el tiempo perdido o malgastado. Por eso, deben estar vigilantes ante la presencia de aquellos individuos flojos.

El perezoso no hace nada por el mundo que lo rodea, en sentido físico, y probablemente se aproveche. Cuando un líder afloja, impacta negativamente a su entorno.

Organizaciones que progresan

Además de contar con los mejores recursos y ubicarlos en el lugar correcto, seguir estos principios le garantizará una organización eficaz, efectiva y eficiente:

- Motivación sin organización resulta en frustración
- La organización más fuerte es la más simple
- Líneas de autoridad muy bien definidas
- Ambiente de colaboración y apoyo
- Programas de reconocimiento y recompensa

Juntos en el mismo barco

Colaboración, la cualidad más importante entre miembros de un equipo que esté en presencia de dificultades. Convertirse en un miembro colaborador requiere cambios, en áreas específicas como: Percepción, Actitud, Enfoque y Resultados.

Percepción… ver a los compañeros como colaboradores y no como competidores

Actitud… de comprensión y apoyo, confianza y no sospechas

Enfoque… concentrarse en el equipo y no en usted mismo

Resultados… colaboración tiene efecto multiplicador y eso se ve en los resultados

La confianza permite que los miembros de un equipo trabajen como uno solo en busca de las metas y objetivos que ellos reconocen como importantes.

Un buen equipo requiere una actitud de sociedad, de colaboración. Cada uno respeta a los otros, reconoce y aprecia sus cualidades. Esa misma confianza hace que unos se apoyen en los otros sin vergüenza ni temor a la crítica ni a la manipulación.

El bateador de turno con un compañero en tercera base hará todo lo posible por ayudar a su compañero a anotar la carrera, antes que pensar en embasarse él.

La marca de un ganador

Sea un líder o un miembro del equipo, si desea alcanzar su máximo potencial y ser exitoso, se debe estar dispuesto a subordinar los intereses personales a las metas del equipo.

Los equipos ganadores siempre tienen jugadores que ponen por delante el mejor interés del equipo. Y estos jugadores, los mejores, están dispuestos a sacrificar su papel protagónico por la meta colectiva, la del equipo ganador.

Vigile su orgullo

Los líderes positivos deben estar dispuestos también a ponerse al servicio de otros líderes superiores. Muchos en posición de liderazgo hallan difícil de aceptar estas premisas, pero una buena disposición a la subordinación puede facultar a la persona para mayores responsabilidades de liderazgo más adelante.

Éxito individual y de equipo van juntos

Para que exista trabajo de equipo deben suceder varias cosas. En primer lugar, los miembros del equipo deben creer genuinamente que el valor del éxito del equipo es mayor y está por encima de los intereses individuales. Segundo, el sacrificio personal debe ser promovido, pero también reconocido y compensado, tanto por el líder como por los miembros del equipo.

En la medida que esto ocurre habrá una mayor identificación y los individuos entenderán que pueden ganar trofeos pero que el éxito del equipo es más gratificante y satisfactorio.

El líder debe promover el pensamiento de equipo y la confianza entre unos y otros.

Al comprender la importancia del trabajo en equipo, el factor armonía resulta ser el de mayor peso específico. Ello no implica actuar de manera uniforme, sino más bien tener enfoques similares, una misma mente y dirección. Cantar en armonía no necesariamente implica cantar al unísono. Los jugadores en un equipo ocupan diferentes posiciones, con armonía el esfuerzo de cada uno complementa el esfuerzo de todos. Esa armonía debe ser promovida desde arriba.

Grupos de empleados que no cuadran entre si, que no "pegan", nunca podrán ser un equipo.

El equipo tiene que ser una unidad, sólida, consistente. Para que sea exitoso, los miembros del equipo tienen que saber que cuentan el uno con el otro. Si uno de los empleados se preocupa solo de sí mismo, el equipo entero sufre.

Una de las mejores maneras que he encontrado para que los miembros de mi equipo cuadren, se unan, es trayéndolos a todos en jornadas informales fuera del lugar de trabajo o en sesiones virtuales. Además de generar relaciones duraderas, surgen muchas ideas positivas tanto para el trabajo diario como para el fortalecimiento del equipo.

La lista a continuación es de las actitudes más comunes de individuos centrados en sí mismos, que pueden derribar a otros, sabotear el trabajo del equipo y presentarse a sí mismos como más importantes que el equipo. Entiéndala y podrá combatir exitosamente a ese individuo con mala actitud que llegó al equipo:

- Incapacidad para aceptar el error
- No dispuesto a perdonar
- Marcados celos
- Espíritu de crítica constante
- Tendencia a arrogarse el crédito
- Notorio síndrome del Yo

No trate de volar solo

Un proverbio chino reza: "Detrás de un hombre capaz siempre hay otros hombres capaces".

Por mucho que admiremos los logros de ejecutantes solitarios, la verdad es que el trabajo en equipo es lo que permite alcanzar la grandeza. No se puede hacer algo verdaderamente valioso en soledad.

En la historia aparecen muchos logros interesantes de líderes poderosos e individuos innovadores, pero ellos siempre fueron parte de un equipo. Lindbergh tuvo gran apoyo de hombres de negocios y de la compañía que le construyó el avión. Incluso Einstein, no trabajó totalmente aislado.

No existen líderes solitarios; si están solos, no están liderando a nadie.

Un líder positivo atrae a sí el éxito, si previamente construye su círculo o entorno basado en principios. Y no hablamos de simples seguidores, nos referimos a colaboradores, mentores, patrocinadores internos, proveedores de ideas y de apoyo.

Cómo hacerlo:

- Comience armando su círculo antes de que lo necesite
- Atraiga gente de variado talento, habilidades y destrezas

- Promueva e irradie lealtad
- Delegue autoridad en base a habilidades

No trabaje solo. Si las circunstancias lo permiten, tome a alguien con usted y comparta sus conocimientos y experiencia. Es la mejor forma de equipar y desarrollar.

Siempre me ha gustado el método de enseñanza de los artesanos:

- Lo hago yo
- Lo hago yo y usted observa
- Usted lo hace y yo observo
- Usted lo hace

¿Cómo va el juego?

Cada esfuerzo o juego tiene sus reglas y su propia definición de lo que significa "llegar", "ganar". Algunas organizaciones o equipos miden su éxito en base a ganancias o puntos anotados, depende de las circunstancias.

En términos deportivos, siempre hay un marcador. Y si corresponde al equipo lograr metas y ganar puntos, también tiene derecho a conocer el marcador o los resultados.

Y por qué el marcador es tan importante?

Los equipos ganadores hacen ajustes continuamente para mejorar y seguir ganando. Hacen planes previos a un juego, pero en la medida que el juego avanza el plan pierde relevancia ante el marcador, pues el plan de juego indica lo que el 'coach' quiere que pase, pero el marcador muestra lo que verdaderamente está ocurriendo.

Seleccione bien

Si usted comienza con la gente adecuada, sus problemas serán menores en el futuro. Asegúrese de obtener la mejor materia prima para que pueda crear un equipo ganador.

Particularmente busco que la gente en mi equipo me conozca bien, sea leal, sincera, talentosa, dispuesta a tomar autoridad y responsabilidad, que pueda tomar ciertas decisiones y que tenga buena disposición de servicio a otros.

Sea cuidadoso al seleccionar su entorno, asegurándose de que cuenta con una sólida combinación de calificaciones y habilidades. Entre otras:

- Experiencia
- Objetividad
- Amor por la gente
- Lealtad
- Talento

Trabajo de equipo

Los equipos exitosos usan cada talento y disfrutan la unidad y diversidad. Para que exista un verdadero trabajo de equipo se requiere:

- Una gran combinación de habilidades y destrezas, pero una meta única
- La contribución de todos
- Un funcionamiento similar al de los órganos y músculos del cuerpo
- Ninguno miembro del equipo es menos importante que otro, aunque tienen diferentes habilidades y hay diversidad

- No hay competencia interna
- Unos complementan a los otros

Cada quien en su rol

LÍDER	EQUIPO
Ejerce autoridad con juicio y cautela	Responde a la autoridad
Dirige mientras sirve	Confía en su líder
No es simplemente un jefe	No renuncia ni se torna conflictivo

Capítulo 4. Cuidando al equipo

INSPIRANDO

Ame a la gente, recompense los logros

Yo le doy un gran valor a elogiar y reconocer a la gente, pero creo que eso debe ser un acto muy sincero. Generalmente inspiro a otros, mediante valorar a la gente, reconocer su esfuerzo y premiar su buen desempeño.

Este método lo aplico a todos, en mi familia, en mi entorno laboral y profesional, en mi comunidad, y conmigo mismo. No importa dónde fallo o cuántos errores cometo, no dejo devaluarme como persona, menos aún lo puedo hacer con los que me rodean.

Incluso los miembros del equipo con tareas menores o tras bastidores, tienen el derecho a que se les compartan las mieles del triunfo y que se les reconozca la contribución cuando un proyecto se completa o una batalla se gana.

Esto es trabajo en equipo, esto significa que se valora a cada individuo por su contribución y que se cuida la moral de todos.

Compartir el éxito con todos ayuda a ver la contribución de los individuos, promueve buena voluntad y facilita alianzas para mejores y mayores retos.

Esperanza para todos

Creo que esperanza es uno de los más importantes regalos que usted puede dar a otra persona. De la forma en que usted vea y trate a los demás depende cuanto usted contribuirá a que otros alcancen su potencial en el futuro o sencillamente se vean reducidos a poca cosa.

Palabras más, palabras menos, Goethe dijo algo al respecto: "Trate a un hombre como él parece ser y usted lo hará ver peor. Trátelo de acuerdo a su potencial y usted lo ayudará a ser lo que él debería ser". La clave para tratar a los demás reside en cómo usted piensa de ellos. Es una cuestión de actitud. Pregúntese:

¿Cómo se sienten los demás cuando están a mi alrededor?

¿Se ven pequeños e insignificantes, o creen en sí mismos y en lo que pueden llegar a ser?

Las organizaciones suelen atravesar por crisis. El enfrentarlas amerita cooperación, determinación y algo muy importante: esperanza. Aún en las situaciones más adversas la gente continúa tratando y trabajando si tiene esa esperanza que los re-energice, que les mantenga su autoestima e incremente sus expectativas. Pero alguien tiene que proveerla. Corresponde al líder mantener la esperanza en alto e inculcarla en su equipo. Él también tendrá fe y confianza si mantiene la actitud correcta y positiva.

Como líderes necesitamos entender las motivaciones de la gente, qué buscan en la vida, cómo podemos atender a sus necesidades y satisfacer sus inquietudes. Abraham Maslow delineó claramente la escala de necesidades que la gente tiene. Yo voy a resumirlas en lo siguiente:

- Afiliación
- Logro
- Influencia

Esta pequeña lista es adicional a las necesidades materiales que todos tenemos.

El valor de la inspiración

Existen los dictadores, aquellos que están acostumbrados a usar a la gente para su propio beneficio.

Existen los líderes positivos que construyen organizaciones, que arman equipos exitosos a los cuales se les da constante motivación y son respetados, a quienes se les provee dirección, se les desarrolla y se les compensa.

No se puede desestimar el valor de un gesto, una palabra de halago o una palmadita en la espalda para que los individuos continúen adelante hacia su máximo potencial.

¿Los atrae hacia Ud?

Estamos hablando de carisma, algo como místico que no todos tenemos pero que es desarrollable como muchas otras facetas del carácter. Hay quienes dicen que la habilidad para influenciar y atraer a otros viene con el nacimiento. No necesariamente. Si siente que eso de atraer gente naturalmente no se le da muy bien, quizá sea que hay algunos obstáculos tales como:

Orgullo... nadie querrá seguir a alguien que se siente mejor o superior

Inseguridad... otros la percibirán y le evitarán

Volubilidad... si nadie sabe que esperar de usted, dejarán de esperar

Perfeccionismo... no le seguirán si detectan que las expectativas no son reales

Cinismo

Si se mantiene al margen de estas "cualidades", podrá cultivar carisma.

No todos pueden

No corra el riesgo de perder a sus individuos claves, por simplemente no ocuparse de ellos. No dé por sentado que ellos están allí y que nunca se irán.

Usted es responsable por mantener las puertas de su organización abiertas para que nueva y mejor gente llegue, más no para dejar ir a los individuos buenos.

Protéjalos a todos, hágalos crecer, inspírelos sin discriminación, tanto a sus más cercanos como al resto del equipo.

No todos los miembros del equipo están listos o dispuestos para emprender determinadas jornadas junto a usted.

Antes de emprender un nuevo proyecto, pregúntese:

- ¿Esta persona quiere trabajar conmigo en este proyecto?
- ¿Es capaz de hacerlo bien?

Puede ocurrir que uno de los suyos quizá no esté listo o no quiera acompañarle a usted en esta oportunidad. ¿Qué tal si ese recurso termine siendo más útil en un proyecto de uno de sus colegas? Vea esa opción también y ofrézcala a su empleado. ¡Qué buena dosis de motivación!

No todos los miembros del equipo ejecutan de la misma manera. Y a veces es difícil tomar acciones con los que tienen el peor rendimiento.

Pero hay que hacerlo, de lo contrario afectamos a la organización de diversas formas:

- La moral de los buenos empleados
- Nuestra credibilidad como líder
- La habilidad de la organización para alcanzar su propósito
- La imagen y estima del empleado problema

En una situación así, debemos hacernos la siguiente pregunta: "Este empleado debería ser entrenado, transferido o despedido?"

La respuesta determinará nuestro curso de acción, bien sea capacitar al individuo, cambiar su rol, transferirlo a otra Unidad siempre y cuando su actitud sea positiva, o lo más difícil, retirarlo de la empresa.

Señales de triunfo

Déselas generosamente a su equipo. ¿Cómo?

Busque maneras para usar el éxito de hoy y facultar a su gente para los retos del mañana.

Resalte su Visión de hoy, comunique efectivamente la Visión futura mientras los halaga por los triunfos recientes, porque ese equipo suyo necesita que se le refresque contantemente en ambos, pasado y futuro.

Genere el impulso necesario

Simplemente me refiero a tocar corazones antes de pedir una mano. Motive, influya positivamente y gánese la confianza, lo demás vendrá por añadidura. Para ello se requiere de alguien que pueda inspirar a otros, que no necesite ser motivado, que transmita entusiasmo y genere la energía necesaria para asumir tareas que parecieran imposibles.

Con ese impulso y energía de su lado, casi cualquier cambio es posible. Ningún líder debería ignorar que si ese momento llegó hay que aprovecharlo al máximo, y usted y su equipo serán capaces de alcanzar metas que no se hubieran imaginado.

Trabajando la moral del equipo

Nada es tan poco placentero como estar en un equipo en el que nadie quisiera estar.

Cuando ese es el caso, el equipo es usualmente negativo, letárgico y sin esperanza. Si usted es el líder tiene una tarea titánica por delante.

Cuando la moral está baja, la única manera de poner a rodar la bola es que usted comience a hacerlo:

- Investigue la situación… comience por reparar lo que esté roto
- Inculque confianza… haga que crean nuevamente en ellos, y en usted
- Genere energía… sea enérgico usted mismo, generalmente la energía se contagia
- Comunique esperanza… esa es la mayor necesidad del equipo en este momento; muéstreles el potencial que tienen

El proceso de construir una moral alta es simple pero no es fácil. Requiere tiempo y un liderazgo muy fuerte. Su rol como líder es determinante para mantener la moral y llevarla a niveles superiores.

Asegúrese de:

- Mantener su equipo totalmente enfocado
- Comunique los logros y éxitos
- Remueva pronto los elementos desmoralizantes
- Permita a los nuevos líderes entrar en acción

Tratando con los difíciles

Los líderes debemos facultar a otros. De la misma forma que podemos dar autoridad y poder a nuestro equipo, podemos compartir con ellos otras cualidades que nos han sido generosamente dadas por la vida: Responsabilidad, Consejo, Apoyo, Motivación, Recursos.

Dependiendo de los tipos de personalidad existentes en el equipo, se le hará al líder más o menos difícil lidiar con los empleados difíciles.

TIPO DE PERSONALIDAD	POSIBLE ESTRATEGIA
Arrolla a los demás	Considere cuidadosamente el problema
Vive en otro mundo	Descubra y desarrolle su talento
Explosivo e impredecible	Remueva del grupo, escúchele, sea directo
Autocompasivo	Expóngalo a verdaderos problemas
Siempre caído	No lo deje ir al frente; sea honesto
Atrae lo peor	Exija honestidad; cuestione sus razones
Demanda demasiado tiempo y energía	Establezca límites, exija responsabilidad

El líder se refleja en su gente

Especialmente si las cualidades que irradian son:

- Estabilidad
- Compasión
- Honestidad
- Visión
- Actitud

Quien quiera llegar a ser un buen líder debe comenzar a buscar la manera de siempre incluir a otros.

Ese sentido de pertenencia y necesidad de ser incluido constituye una de las necesidades básicas de toda persona.

Igual que un padre se asegura de que sus hijos se sientan miembros importantes de la familia, un líder se esfuerza por hacer saber a sus empleados cuán importantes son para el equipo.

Una vez que la gente entiende y reconoce que usted quiere que ellos triunfen y está comprometido a ayudarles, ellos comenzarán a confiar que lograrán lo que usted les pida.

Usted tiene que ayudarles no solo a creer sino a querer ser exitosos. ¿Cómo?

Demuéstrelo: si usted espera que ellos sean triunfadores, ellos lo sabrán.

Dígalo: la gente necesita que les digan que creen en ellos, que confían en ellos.

Refuércelo: en cada oportunidad menciónelo, exprésalo, refuerce su mensaje positivo y alentador.

Sueñe

Mucha gente descubre su sueño en un abrir y cerrar de ojos después de trabajar por años en un área específica. Algunos oran por ese sueño. Otros se sienten motivados por un evento del pasado.

Si usted no ha descubierto cuál es su sueño, los pasos a continuación le ayudarán:

1. Crea en su propia capacidad… usted debe creer que puede ser exitoso
2. Aparte el orgullo… así dejará lugar para los sueños
3. Escape de los viejos hábitos… lo que hoy funciona siempre puede ser mejorado
4. Equilibre creatividad y carácter… invente, innove y atrévase a hacerlo
5. Elimine la conformidad… ella nunca atraerá el éxito

No se duerma en los laureles

Si usted realmente quiere dejar huella, agradezca, pero ponga a un lado las alabanzas y reconocimientos que recibe y continúe su racha de logros. No deje el camino libre a aquellos que no brillan ni les gusta ver brillar a otros.

Una vez escuché que los cangrejos una vez capturados son colocados en una cesta. Si hubiera uno solo de ellos en la cesta abierta, éste buscaría salir de ella. Si hubiera más de uno en la cesta abierta, ninguno alcanzará a salir pues los otros se encargan de halarlo hacia adentro evitando su escape.

Usted, ¿qué hará? ¿Buscará la salida, o se dejará arrastrar?

DESARROLLANDO

Desarrolle líderes y crezca la organización

La fortaleza de una organización es el resultado directo de la fortaleza de sus líderes.

Una empresa no puede crecer hacia fuera mientras sus líderes no crezcan internamente. Por mucho dinero y esfuerzo que se inviertan, por más sofisticadas que sean las prácticas y estrategias de mercadeo, una empresa no crecerá de la mano de líderes incompetentes.

Los líderes determinan el nivel, crecimiento y éxito de una organización.

A fin de reproducir sus cualidades de líder en otros, el buen líder debe asegurarse de proyectar, transmitir y guiar mediante el ejemplo. Para ello debe ser:

accesible, su personalidad abierta y franca atraerá a muchos;

creativo y práctico, proveyendo recursos y dirección a su equipo;

respetable, cuyo modelo de liderazgo sea admirado y quiera ser imitado;

motivador, presto a reconocer y recompensar el buen desempeño, esfuerzo y logros

Los líderes deben estar atentos a que en la organización exista un clima que favorezca el desarrollo de nuevos líderes. El ambiente organizacional debe propiciar condiciones favorables para el nuevo semillero y en ello deben enfocarse los líderes veteranos. Si se mantiene un ambiente de confinamiento, los potenciales nuevos líderes se mantendrán pequeños y subdesarrollados, no crecerán y no podrán cumplir las expectativas que se tendrían con ellos.

Sea cauto con sus promesas

Sea cauto respecto a sus compromisos y promesas. Muchas dificultades le esperan a aquellos líderes de palabras precipitadas, promesas huecas y pródigos en excusas. Un líder debe escuchar más que lo que habla. No debe prometer lo que no puede cumplir, ni debe ofrecer excusas pobres.

La responsabilidad de capacitar

Capacitar, preparar, equipar es una tarea difícil, quizá más exigente que dirigir. Para cumplir esta responsabilidad con su gente, el líder debe:

- cuidar de ellos
- trabajar en sus debilidades
- ser accesible
- clarificar expectativas
- delegar más
- reconocerles
- proveer recursos: entrenamiento, apoyo, herramientas, energía, recursos

Es muy importante, mientras se desarrolla a otros, mantenerse enfocado en la gente, en los procesos y en el propósito. Eso se puede lograr mediante:

- familiarizarse con sus fortalezas y debilidades
- definir claramente metas y asignaciones
- conocer bien a quien se desea desarrollar
- permitirles ver a usted servir y dirigir
- hacerlos responsables por su trabajo
- darles libertad para fallar

Líderes positivos proveen a su equipo las herramientas necesarias para ser exitosos, a saber:

- Estrategia para el triunfo
- Información sobre el objetivo a alcanzar

- Recursos
- Plan para el uso de los recursos
- Comunicación frecuente y detallada

Atrayendo otros líderes

Es importante diferenciar dos tipos de líderes, aquellos que solo atraen seguidores y otros capaces de atraer e influencias otros líderes. Quienes solo pueden atraer seguidores, nunca irán más allá de lo que ellos pueden tocar o supervisar.

Observe la siguiente tabla y ubíquese usted.

ATRAIGO SEGUIDORES	ATRAIGO OTROS LIDERES
Necesito ser necesitado	Necesito que alguien me suceda
Quiero reconocimiento	Quiero desarrollar a otros
Me enfoco en las debilidades de otros	Me enfoco en las fortalezas de otros
Gasto mi tiempo en otros	Invierto tiempo en otros
Soy relativamente exitoso	Soy muy exitoso

En cualquier caso, no descuide su propio desarrollo y mantenga a tono sus habilidades y liderazgo.

Invierta a futuro en usted y su equipo

Es imperativo que cada líder conozca y entienda el famoso Principio de Pareto (20% vs 80%) Ej. el 20% de la organización es responsable por el 80% del éxito.

Como líder, le recomiendo una estrategia que le permitirá incrementar la productividad significativamente:
- Identifique el 20% de sus Top Performers
- Invierta el 80% de su tiempo en ese 20%

- Si le es posible, dedique 80% de su presupuesto de desarrollo a ese 20%
- Involucre a ese 20% en actividades de capacitación a los ubicados en el siguiente 20%

Cuando delegamos autoridad y responsabilidad debemos acompañarlas con los recursos necesarios, lo contrario sería ridículo. Recursos incluye más que solo herramientas e implementos de trabajo. Debemos invertir en elementos de desarrollo tales como libros, videos, conferencias, suscripciones y otras fuentes de ideas frescas que estimulen el crecimiento.

La inversión en un buen equipo casi siempre garantiza un retorno alto pues el equipo puede lograr mucho más que los individuos. Esa inversión también trae beneficios a cada uno dentro del equipo. Para que su inversión sea rentable, trate de seguir estos 7 pasos:

1. Tome la decisión de construir un equipo
2. Ensamble el mejor equipo posible
3. Desarróllelos
4. Delegue, proveales autoridad y también responsabilidad
5. Reconozca y compense sus logros
6. Monitoree el rendimiento de la inversión. Deténgala si ve que alguien no va a crecer
7. Genere nuevas y mejores oportunidades para que el equipo sea exitoso

Líderes que aprenden

Los líderes exitosos constantemente aprenden, continuamente invierten en su desarrollo. Este proceso de aprendizaje es constante, es el resultado de perseverancia y disciplina. Es cierto que algunas personas nacen con facultades extraordinarias, pero la cualidad de liderar es una colección de habilidades que pueden ser aprendidas y mejoradas, lo cual no ocurre de la noche a la mañana. El liderazgo es complicado pues se compone de muchas facetas: respeto, experiencia, fortaleza emocional, disciplina, Visión, oportunidad, habilidades con la gente, etc., la mayoría intangibles.

Es por eso por lo que para que los líderes sean efectivos necesitan mucha sazón. La meta diaria debe ser mejorar un poco, siempre mejor que el día anterior.

Deles poder y facultades

Faculte a su equipo. Invierta energía y tiempo en ellos. Realmente vale la pena.

Usted debe hacer más que creer en los potenciales líderes, necesita dar los pasos necesarios para ayudarlos a ser esos líderes.

Si usted lo hace bien, tendrá el privilegio de ver a algunos de su equipo moviéndose a niveles más altos. Desarrolle a otros y verá como su organización crece también.

El hecho de facultar a su equipo cambia sus vidas. Es una situación de ganar-ganar, para usted y su equipo. Darles autoridad funciona de la misma manera que cuando se les comparte información. Ellos ven incrementadas sus capacidades y posibilidades.

Si usted no trabaja con, por y para su gente, todo lo que usted haga tendrá poco impacto.

Definido de manera muy sencilla, facultar es influir en otros con el propósito de acentuar su crecimiento como individuos, y por ende, como organización.

Enfoque

Prioridad y concentración permite que el líder tenga el enfoque necesario para ser verdaderamente efectivo. Distribuya su tiempo de esta manera:

70% en el desarrollo de fortalezas

25% en innovación, nuevas áreas para aplicar sus fortalezas

5% en sus áreas de oportunidad o puntos débiles.

Prepare el camino para otros

Si usted está al frente, planifique, organice, coordine, dirija, provea una visión, pero prepare bien a su equipo. Cuando usted lo hace así está transmitiendo confianza.

Independientemente del proyecto que usted dirija, no es el tamaño del mismo lo que determina su aceptación, el apoyo y el éxito, es más bien el tamaño del líder.

En términos de navegación, los líderes que son buenos navegantes son capaces de conducir a su equipo casi a cualquier parte.

Los miembros de un equipo siempre admiran, respetan y quieren a esa persona que sea capaz de ayudarlos a alcanzar el siguiente nivel, alguien que los desarrolle y los faculte para ser exitosos. Generalmente los desarrolladores de capital humano tienen cosas en común como:

- Valoran a su equipo… el rendimiento del equipo refleja el respeto por su líder

- Entienden y apoyan lo que su equipo valora… esto crea una conexión muy fuerte
- Agregan valor a su equipo… mayores capacidades y potencial por el bien de todos
- Se hacen a si mismo más valiosos… usted no puede dar lo que no tiene

Primero lo primero

Una viaje frase reza: "El trabajo de los líderes es darle prioridad a los asuntos importantes". Y una de esas prioridades es el enseñar y promover confianza y credibilidad entre su equipo. Igual que lo hacen los padres cuando transfieren verdad a sus hijos.

Haga uso de algunas de estas sugerencias cuando de enseñar y liderar se trate:

- Relación antes que reglas
- La verdad debe residir en usted antes que en ellos
- Cada día ofrece nuevas oportunidades para enseñar
- Repetición es la mejor técnica para enseñar

Agregue valor y cambie vidas

El éxito en la vida no tiene nada que ver con lo que tenemos o logramos para nosotros mismos. Está en lo que hacemos por otros.

El ayudar a otros es algo que usted puede comenzar a hacer ya, mientras continúa luchando por sus objetivos personales.

¿Qué tal pasar un poco más de tiempo con su familia, ofreciéndoles tiempo de calidad?

¿O invertir un par de horas a la semana con ese empleado que tiene potencial?

¿Quizá dar algo de su tiempo a la comunidad, una vez al mes o dos?

Siembre esas semillas y verá los frutos muy pronto.

Usted puede ganar mucho en la vida si ayuda suficientemente a otros a obtener lo que quieren. Acá no hablamos de simplemente ayudar, se trata de agregar verdadero valor a los demás. Y se puede hacer mediante:

- Poner a los demás en primer lugar
- Entender claramente sus necesidades e intereses
- Proveer la ayuda necesaria con generosidad y dignidad

Quizá usted quiera que cuando los demás piensen en usted lo hagan con generosidad y dignidad.

Ayúdelos a crecer

En toda organización el líder tiene la responsabilidad de velar por el crecimiento del equipo, tanto en sentido personal como profesional.

Comunicación permanente y abierta, y experiencias compartidas promueven el crecimiento del equipo.

Generalmente he tomado acciones conducentes a desarrollar nuevas habilidades y destrezas en los miembros del equipo, por supuesto, en base a su experiencia y posibilidades.

Primero, le doy a cada uno la oportunidad de manejar iniciativas que beneficien al equipo y al negocio.

Segundo, permito que haya rotación en cuanto a la preparación y conducción de nuestras juntas estratégicas.

Tercero, otorgo alternativamente a algunos miembros del equipo la posibilidad de cubrirme en algunas tareas durante mi ausencia

Cuarto, les envío a entrenamiento y capacitación, que luego debe ser replicado entre el equipo

Quinto, promuevo el auto-entrenamiento

Enfóquese en las fortalezas

Sin duda, la gente tiene sus puntos débiles, pero si como líder es ese su principal punto de enfoque, lo único que usted logrará es desmoralizar e iniciar el derrumbe.

En lugar de ello dele toda su atención a las fortalezas de la gente, afile las habilidades y destrezas que ya existen, alabe las cualidades, destaque el talento. Las debilidades pueden esperar.

Una vez que usted haya construido una relación sólida con la persona y ésta haya comenzado a ganar confianza y a crecer, entonces será más fácil trabajar en las áreas de oportunidad.

Pero hágalo gentilmente y una a la vez.

Vea el corazón y el potencial

Es probable que cada persona lleve en si la semilla del éxito. Pero descubrirla toma tiempo y exige compromiso, dedicación y un deseo genuino de ayudar a otros.

El líder tiene que observar talento, temperamento, pasión y alegría. Y si descubre la famosa semilla debe fertilizarla con motivación y regarla con oportunidad.

Llevar gente a niveles altos de rendimiento y convertirlos en exitosos es muy gratificante. No pierda de vista lo siguiente:

- Cada uno quiere sentirse valioso

• Todos necesitan y responden a la motivación
• La gente cree en la persona antes que en el líder

Esté preparado

La mitad de la batalla ya está ganada cuando se tiene la preparación adecuada.

Usted debe estar preparado para ayudar a su equipo cuando las circunstancias lo ameriten. Haga lo siguiente:

• Evalúe.... ¿Dónde van usted y su equipo? ¿Qué condiciones les esperan?
• Ajuste el equipo
• Muestre actitud positiva
• Actúe

Formar líderes toma tiempo

Los líderes positivos son aquellos que se aseguran de desarrollar otros líderes a su alrededor. Ello implica una inversión seria de tiempo y recursos, además de cierto sacrificio. No es un proceso simple y rápido.

Transmitir y proveer los principios de la autoridad y responsabilidad, habilidades, puntos de vista, aprendizaje y una visión de futuro, toma tiempo, abnegación y una buena dosis emocional. El proceso de desarrollo requiere de lo siguiente:

De usted como mentor... equipamiento, dirección

Del potencial líder... convicción, valor, obediencia

De la organización... apoyo

Cuarenta años de experiencia me han dejado una interesante lección y es que mis éxitos o fracasos han sido determinados por la gente de la que me he rodeado.

Siempre que he podido identificar y desarrollar líderes a mi alrededor, en esa medida mi influencia y productividad alcanzaron niveles superiores. Pude notar entonces que el tiempo, guía y recursos que les estaba proveyendo, eran una inversión que dejaba dividendos a ellos y a mí también.

¡Cuán importante es invertir en otros potenciales líderes! Ellos crecen y mejoran, y usted con ellos.

Oportunidades para todos

En los equipos deportivos todos los jugadores reciben oportunidades, recursos y tiempo de juego de acuerdo a experiencias anteriores. El mejor jugador tiende a recibir las mayores oportunidades.

Uno de los más grandes errores que un 'coach' puede cometer es tratar a todos los jugadores de la misma manera. Creer que todos en el equipo deben recibir el mismo tratamiento puede ser destructivo. El rendimiento pobre o mediocre no debería ser recompensado igual que el excelente.

Habrá momentos en que usted no estará seguro acerca de la capacidad de un jugador porque quizá es novato y usted no ha tenido tiempo para observarlo. Dele frecuentes pero pequeñas oportunidades a fin de determinar su calibre.

La reserva es importante

En el deporte, cualquier equipo que quiera resaltar debe tener su plantilla de reemplazo, además de los titulares.

Quizá usted pueda alcanzar grandes resultados con la gente más calificada, pero en el largo plazo su éxito será determinado por su habilidad para construir la reserva.

Un gran equipo sin reserva colapsa eventualmente.

Alcance su potencial

Usted puede alcanzar su potencial mañana si se dedica a desarrollarlo hoy. Recuerde que para cambiar al mundo usted debe cambiar primero. Una batalla muy difícil que todos afrontamos es aquella en la que nos corresponde luchar contra nuestras fallas y debilidades. Dese la oportunidad de conocerse e identificar sus puntos débiles:

- Mírese muy claramente
- Admita sus debilidades con honestidad
- Descubra sus fortalezas
- Trabaje en sus fortalezas con pasión… ellas le ayudarán a minimizar sus áreas débiles

Soltando al líder

No todos los líderes iniciaron sus carreras siendo unas estrellas. Muchos esperaron años hasta ser descubiertos o hasta que alguien decidió darles la oportunidad. La mayoría pasa por un período de aprendizaje y refinamiento. Unos pocos son reconocidos temprano y son preparados para roles importantes y exitosos. Todos deben recibir la capacitación necesaria, la motivación y las oportunidades para demostrar lo que tienen y lo que pueden lograr.

Creciendo constantemente

Nuestro potencial es nuestro mayor recurso. Podemos hacer cualquier cosa pero no lo podemos hacer todo. Acá comparto una lista de principios simples para poner en práctica en la vía hacia el alcance de nuestro mayor potencial:

Concéntrese en una meta principal... se requiere mucho enfoque

Asegure su mejoramiento continuo... cada día se puede ser un poco mejor que ayer

Olvide los errores del pasado... las lecciones ya deben haber sido aprendidas

Enfóquese en el futuro... "quien no mira hacia adelante se queda atrás"

¿Cuál es su tope?

Cada uno posee topes, ciertos límites para su crecimiento y desarrollo. Nadie nace sin ellos. Y no desaparecen cuando la persona adquiere un título o una posición de poder y privilegio. El asunto está en saber qué hacer con ellos.

Identifique cuáles son sus límites y trabaje para ir levantándolos o removiéndolos.

Evalúe luego faculte

Recuerde que todos tienen el potencial para ser exitosos. Su trabajo como líder es ver el potencial oportunamente, determinar qué le falta al individuo y equiparlo adecuadamente. Fije su atención en estas 3 áreas: Conocimiento, Habilidades, Deseos.

Para que usted pueda facultar a su gente tiene que comenzar por evaluarlos.

Si la gente es inexperta y usted les otorga mucho poder muy pronto, los está dirigiendo al fracaso. En cambio, si la gente tiene mucha experiencia y usted se mueve muy lentamente, ellos pueden llegar a frustrarse y la moral se cae.

Disfrute viéndoles florecer

Comience a creer en su gente y muy pronto el más inexperto le mostrará sus frutos.

Véalo de esta manera: si usted le da dinero a otros, pronto lo gastarán; si les da recursos, quizá no lleguen a usarlos en su máxima extensión; si les trata con confianza, con fe, ellos se energizarán e incrementarán su auto-estima y confianza.

Cuando usted tiene fe en otra persona, usted le está dando un regalo increíble, quizá el mejor regalo que usted puede dar.

Compromiso y lealtad

Sin compromiso no hay posibilidades de éxito. Y si usted siente que hay solo interés y no compromiso genuino no se apresure entonces a equipar. Dedíquele tiempo y recursos a aquellos que si están comprometidos con el éxito de la organización.

Si usted está en busca de posibles líderes, descarte a aquellos a quienes les falta lealtad. El tomarlos con usted puede resultar en más daño que ayuda.

Aquellos que combinan sus talentos y habilidades con lealtad serán sus activos más valiosos… cuide bien de ellos. Pero, cómo saber quiénes serán individuos leales:

- Aquellos que lo aceptan a usted, incondicionalmente, con sus fortalezas y debilidades
- Los que lo representan a usted bien ante otros
- Quienes hacen de su sueño el sueño de ellos

APRENDA DE LAS FALLAS

Cuando las cosas salen mal la tendencia natural es a buscar un culpable. Y quien hace eso, nunca superará sus propias fallas, simplemente continuará moviéndose de problema en problema.

Para alcanzar su mayor potencial usted debe tener un plan de mejoramiento continuo, y eso no lo podrá hacer si no se hace responsable por sus acciones y aprende de sus errores.

La próxima vez que algo falle, piense en por qué usted falló en lugar de buscar un culpable. Véalo de manera objetiva y pregúntese a usted mismo:

- ¿Dónde tuve éxito y dónde fallé?
- ¿Qué lección aprendí?
- ¿Cómo puedo convertir una falla en éxito?

Mejore continuamente

Mucha gente tiende a hacer lo suficiente para vivir y luego retirarse pronto.

Pocos son los que están constantemente evaluándose y buscando maneras de mejorar, con el fin de postergar el inevitable declinar en sus vidas. Quienes así lo hacen siguen esta pauta:

Preparación... aprenda algo nuevo cada día para poder enfrentar nuevos retos

Evaluación... revise sus éxitos y fracasos para planear como seguir mejorando

Aplicación... ponga en práctica todo lo que haya aprendido

DELEGANDO

Comparta autoridad y responsabilidad

Por mucho entrenamiento que demos a nuestro equipo, el éxito no vendrá si no les permitimos ponerlo en práctica. Es entonces cuando debemos delegar de manera completa, incluyendo responsabilidad y autoridad. Cuando somos "micro-managers" que queremos controlar cada detalle del trabajo, nuestros colaboradores y potenciales líderes dentro del equipo terminan frustrados e incapaces de crecer. Si delegamos responsabilidad, entreguemos también la autoridad, de esta manera la gente tendrá el poder para hacer que las cosas sucedan. Por supuesto, tenemos que asegurarnos que sucedan las cosas correctas.

Déjelos tomar riesgos

La mayoría de la gente necesita permiso para arriesgarse, otros muchos toman el camino fácil y migran hacia zonas más cómodas. Es aquí donde buenos líderes debe modelar e inculcar coraje, confianza, estima. El delegar incrementa la productividad individual y colectiva. Pero hágalo delegando adecuadamente.

Aquel líder que no delega sencillamente bloquea y retrasa. Si usted se reconoce acá tome acción prontamente y evite retrasos, accidentes, errores, desmotivación y la quiebra.

¿Por qué algunos líderes no delegan?

Por: inseguridad, costumbre, falta de tiempo, incapacidad para identificar el recurso correcto, desconfianza en otros, falta de habilidad para entrenar, o creer en "yo lo hago mejor".

Si, delegue. Pero usted no puede simplemente tirarle tareas al individuo y esperar que sea exitoso. Hágalo de esta manera:

- Pídale que entienda la tarea y que comprenda los objetivos y retos
- Solicite sus sugerencias e invítele a ponerlas en práctica, claro, con su aprobación
- Recomiéndele que tome acciones, pero que reporte los resultados de inmediato
- Otórguele la autoridad necesaria

Algunos gerentes se apresuran a juzgar el nivel de sus empleados sin antes trabajar con cada uno y determinar su grado de desarrollo. Es importante saber con anticipación quién puede dar los resultados esperados, quién triunfará y quién fallará.

Dependiendo del nivel de liderazgo que requieren, hay 4 categorías de empleados:

- Los que requieren dirección en cada actividad o etapa
- Los que pueden necesitar cierta instrucción antes de hacer el trabajo
- Los que solo esperan apoyo en términos de recursos y motivación
- Los que ya están listos para aceptar y ejecutar bien cualquier tarea

Toda la responsabilidad es suya

El líder puede delegar todo excepto responsabilidad. Me refiero al líder positivo, exitoso, aquel que es dueño absoluto del compromiso y toma acción temprana para resolver. Esta clase de líder se diferencia significativamente de aquellos que renuncian y no se hacen responsables, o los que ponen excusas de por qué no asumen la responsabilidad, o aquellos otros que titubean y esperan demasiado tiempo para asumirla.

Capítulo 5. Comunicación efectiva

Como líder usted establece el tono de la comunicación, pero la suya debe ser consistente, clara y cortés. Además, usted debe ser reconocido como un buen escucha. Aquellos líderes que no escuchan conducen a hostilidad, malentendidos, y a una ruptura de la unidad organizacional.

Si usted no escucha, su equipo dejará de comunicarse, usted perderá una porción significativa de cuanto acontece en la organización formal e informal, y la indiferencia comenzará a extenderse a otras áreas.

Revise sus habilidades como escucha. Pida opinión a su jefe, a sus colegas y a los miembros de su equipo. Si es necesario, comience a trabajar de nuevo para ser un buen comunicador.

Algunas veces es necesario levantar la voz, como protesta, como alerta o quizá animando a otros. Inclusive si es para criticar a alguien, sería deseable seguir estos pasos:

- Revise sus motivos, la meta debería ser ayudar, no humillar
- Asegúrese de que realmente la crítica vale la pena
- Sea específico, no ande con rodeos
- No socave la confianza del otro, demuéstrele cuánto vale

- No posponga la conversación ni la retrase mucho
- Finalice la conversación con comentarios positivos

Comunicación frente al conflicto

Los líderes deben crear ambientes apropiados y seguros para la comunicación. Dominen su estilo comunicacional y se les facilitará la resolución de conflictos.

A veces los líderes creen tener la libertad para expresar enfado y frustración, pero tarde o temprano, el ambiente hostil que generan se les revierte.

Muchos tendemos a evitar la confrontación para no perder popularidad o para no hacer que las cosas se pongan peor. Pero evitarla puede complicar más las cosas. Confrontar puede resultar en una situación de ganar-ganar, en una oportunidad para ayudar y desarrollar a su gente, si se hace con respeto y consideración. Confronte positivamente, siguiendo estas sugerencias:

- Hágalo tan pronto como sea posible
- Enfrente la situación, no a la persona
- Confronte solo lo que la otra persona puede cambiar
- Dele a la persona el beneficio de la duda
- Sea especifico
- Evite los sarcasmos
- No use palabras como "Nunca" o "Siempre"
- Si le parece apropiado mencione cómo se siente usted acerca de lo que ocurrió
- Comparta un plan breve para arreglar la situación
- Confirme su buena relación con la otra persona

Confrontar es difícil, pero es un acto de liderazgo muy necesario. Estas son las algunas de las metas que debería perseguir una confrontación saludable:

- Claridad
- Cambio
- Relaciones
- Transparencia
- Respeto
- Seguridad

Comunique el plan

Liderar una familia, un equipo de trabajo o una organización está muy alineado con lo que generalmente un buen entrenador deportivo o 'coach' hace.

Él tiene siempre un plan de juego y simultáneamente lleva un plan de desarrollo de habilidades y destrezas de sus jugadores con miras a campeonatos y temporadas venideras. Comunicación es clave. Cuando hay clara interacción entre líder y equipo, los miembros de éste sienten el poder para ser exitosos.

Siga estas sugerencias en su gestión como 'coach':

- que su equipo sepa claramente lo que se espera de ellos
- deles la oportunidad para actuar y ejecutar
- dígales cómo lo están haciendo
- instrúyalos y refuércelos constantemente

¿Quién no se va a sentir motivado y seguro cuando su líder cree en él y lo anima a seguir creciendo? En un ambiente así, los potenciales líderes consiguen el mejor terreno para crecer y desarrollarse.

Líderes que son escuchados

Básicamente son aquellos que despliegan actitudes y conductas, que yo englobo en las 6Cs:

- Carácter
- Convicción
- Credibilidad
- Compromiso
- Competencia
- Comunicación

Su comunicación como líder no depende exclusivamente de dar los mejores discursos; ella se verá realzada cuando usted despliega su capacidad de escucha, con lo que mostrará respeto por los demás y su interés por ellos. Nunca olvide que su comunicación marca el ritmo de su equipo. Esta es una herramienta de propósito múltiple que usted como líder tiene que emplear efectivamente.

Si usted quiere el respeto y confianza de su equipo, comuníquese franca y honestamente, y que su comunicación sea consistente, clara y cortés. Nada frustra más a un empleado que el hecho que usted no le muestre respeto, que no sepa lo qué quiere ni cómo lo quiere.

Hablar para informar y transformar

Sea que nos dirijamos a nuestro equipo, a nuestros superiores e incluso a quienes se nos oponen, debemos hablar con sazón y prudencia. Aquí unas buenas ideas para ello:

- Preséntese relajado y tranquilo, usando gestos enérgicos y animadores
- Agradezca con humildad la oportunidad de hablar

- Reafirme las fortalezas, conocimiento y experiencia de su interlocutor o audiencia
- Presente sus razones de forma clara y constructiva
- Explique en qué fundamenta sus razones
- Demuestre con hechos concretos e indicadores creíbles

¡Cuán poderoso es ese pequeño músculo conocido como lengua! Si se usa positivamente puede ser un poderoso instrumento de influencia. Los líderes que usan bien la lengua y tienen claro el poder de sus palabras logran:

- Esparcir esperanza
- Promover justicia
- Motivar
- Ser fuente de inspiración y vida para otros

Los líderes positivos saben también cuándo el silencio es más importante que las palabras.

La gente escucha lo que alguien tiene que decir no necesariamente por el mensaje, más bien es por su respeto al mensajero. He notado muchas veces que cuando alguien hace una pregunta en una reunión, la gente tiende a voltear hacia el que consideran el verdadero líder y esperar su respuesta.

Una buena manera de medir el liderazgo es observando a los seguidores y midiendo sus reacciones ante lo que líder dice o hace.

¿Si el líder habla, la gente lo está escuchando, realmente?

¿O quizá ellos esperan a oír a alguien más antes de actuar?

Tal vez usted quiera conocer un poco más acerca de su nivel de liderazgo atreviéndose a aplicarse a usted mismo esas preguntas.

Comunicación clara

La comunicación es determinante para el éxito de su vida, su matrimonio, su trabajo y sus relaciones personales. Nadie lo seguirá ni lo acompañará si no sabe lo que usted quiere ni hacia donde se dirige.

Siga estas sugerencias que le ayudarán a comunicarse de manera efectiva:

Simplifique su mensaje… olvídese de palabras sofisticadas o rebuscadas. Si usted quiere conectar con la gente, hágalo lo más simple posible

Muestre la verdad… no hay mayor credibilidad que la convicción suya

Conozca la audiencia… ¿quiénes son? ¿qué preguntas tienen? ¿cuáles son sus necesidades?

Transmita… déles algo que sentir, algo para recordar y algo para hacer

Muchos líderes solo buscan ser entendidos y gustar. El que es buen comunicador busca primero entender. Las diferencias entre los oradores públicos y los buenos comunicadores son muy marcadas. El comunicador destaca por buscar la conexión con su audiencia, pregunta ¿qué necesitan?, no se enfoca solo en contenido sino en el mensaje claro y pleno a su audiencia.

Muchos líderes caen en la tentación de pretender que ellos lo saben todo. Es una necesidad irrazonable de proyectar confianza. La realidad es que el equipo no necesita un líder que conozca todas las respuestas, puede vivir con cierta incertidumbre, pero necesita claridad respecto al futuro. Los líderes necesitan ser genuinos con su gente, por lo tanto, evite hablar con demasiada certeza sobre algo de lo que usted mismo no está seguro.

Capítulo 6. Liderando con el ejemplo

"Liderazgo no es solamente lo que usted hace; es lo que usted es"

Modelando con el ejemplo

El ejemplo no es el principal elemento para influenciar a otros, es el único. Liderar con el ejemplo permite crear un clima positivo en el que todos tienden a emular. Lo que los líderes hacen será hecho también por otros potenciales líderes. Lo que los líderes valoran, será valorado también por los demás. En la medida en que usted como líder crece, en esa misma medida crecerá su equipo. Si nuestro crecimiento se detiene, nuestra habilidad para conducir a nuestro equipo se acaba y eventualmente el equipo desaparece. Comience aprendiendo, continúe creciendo, y vea cómo los individuos a su alrededor crecen, florecen y fructifican.

Fomente siempre la inclusión y el respeto por la diversidad.

En el hogar

Un padre puede y tiene que ser un buen líder para sus hijos. Debe comenzar por modelarlos mediante el ejemplo. El buen ejemplo vale más que mil sermones. Lo que usted haga dejará en ellos un mayor y mejor impacto que todos los discursos que les dé. Cada niño es diferente y debe ser manejado de acuerdo con sus circunstancias, habilidades y características. Pero a todos debe dárseles el entrenamiento adecuado. Y a todos debe inculcársele ciertos valores fundamentales, confianza, respeto y cooperación entre ellos, así como una noción clara de la ética. Asegúrese también de que los recuerdos de su infancia y juventud sean buenos y perduren a lo largo de su vida. El modelaje continuará a lo largo de sus vidas.

Los líderes que realmente quieren causar un impacto en su vida comienzan poniendo a su familia en primer lugar. Acá estamos hablando de proveer más allá de lo material; se trata de tomar con responsabilidad las necesidades espirituales y afectivas de la familia, y conducirlos amorosamente, con firmeza basada en principios. Cuando el liderazgo comienza en casa ese líder fácilmente replicará su accionar, conducta y actitud de manera positiva en la comunidad, en su equipo y en cualquier organización. Su credibilidad está garantizada.

El liderazgo en el hogar no significa poder y control; se trata de dar más de usted mismo, de asumir responsabilidad por la salud y desarrollo de las relaciones con los suyos.

Las siguientes preguntas le ayudarán a evaluar su nivel de liderazgo en el hogar:

- ¿Doy dirección adecuada y me hago responsable?
- ¿Cuido el aspecto espiritual mío y de los míos?
- ¿Llevo una vida honesta sin nada de qué avergonzarme?
- ¿Demuestro autodisciplina?

El hogar, un refugio

Para levantar una familia fuerte y hacer de su hogar un refugio, usted tiene que asegurar un ambiente cordial, acogedor, pacifico, amoroso, lleno de aceptación y motivación. De esa manera los lazos familiares crecerán y la casa termina siendo un hogar y un refugio.

Alguien dijo alguna vez que había una diferencia notable entre casa y hogar. La casa es simplemente un almacén de muebles y objetos.

Con una sola ética

Dispuesto a hacer lo que es correcto

Actuar disciplinadamente, así como poseer pensamientos y emociones disciplinadas realmente vale la pena. Sus acciones siempre serán un reflejo de su disciplina. La acción es lo que diferencia a ganadores de perdedores.

Igualmente, si usted mantiene su mente activa, afilada y controla sus emociones, siempre podrá hacer lo que es correcto y obtener los resultados esperados.

Su credibilidad depende en gran medida de su historia de éxitos y fracasos.

Funciona como una cuenta de ahorros que fluctuará en la medida que usted tome buenas o malas decisiones. Cuando usted asume su rol de líder, la cuenta tiene un depósito inicial a su favor. Por cada decisión favorable le serán acreditados sus intereses; en caso contrario, su cuenta sufrirá una reducción en el saldo.

Los líderes que frecuentemente toman las mejores decisiones incrementarán significativamente ese saldo y si llegaran a tomar una mala, aún quedaría saldo a su favor... es decir, todavía cuentan con la confianza de la organización.

Balancee habilidades y carácter

Muchos líderes políticos, religiosos y de negocios han arruinado sus vidas y dañado las vidas de otros por haber caído moralmente.

Como líderes debemos recordar que influimos en otros, que quienes nos siguen o acompañan tienden a hacer lo que nos ven hacer. Y que reemplazar un líder caído es un proceso lento y difícil.

Cómo protegernos? Enfatizando nuestro carácter sobre nuestro talento dado que hay una tendencia poco sana de premiar el talento más que el carácter.

Sea integro

En la actualidad la gente necesita líderes pero que sean confiables, de buen carácter moral y que ejerzan una influencia positiva. Si usted quiere llegar a ser esa clase de líder, auto examínese y determine si reúne estas condiciones:

- Consistencia de carácter
- Comunicación franca y honesta
- Transparencia
- Humildad
- Apoya a otros
- Cumple sus promesas

Integridad es una cualidad indispensable en un líder. Sin ella, el hombre tiende a sucumbir a las excusas. Estos elementos habilitan la integridad que un líder necesita:

- Fortaleza y seguridad
- Conciencia clara
- Motivación correcta
- Solidez de carácter

Ser de fiar, confiable, es muy importante para el éxito del líder y de su equipo.

La esencia de esa confiabilidad reside en lo siguiente:

- Motivación correcta
- Responsabilidad
- Buen juicio
- Consistencia

Se gana credibilidad cuando nuestra vida está en armonía con lo que hablamos. Sin ella no hay posición ni título que valgan.

Esté preparado, siempre, a responder estas preguntas:

- ¿Es usted consistente y la misma persona siempre?
- ¿Sus decisiones se basan en lo que beneficia a usted o a los demás?
- ¿Da usted el crédito a los demás por su esfuerzo?
- ¿Le preocupan más su imagen y prestigio que su integridad?

Hay líderes que hablan y logran ser escuchados y seguidos devotamente.

Son esos que tienen palabras de exhortación, de afirmación, de corrección bondadosa, de enseñanzas, y que hablan la verdad, pero con profunda pasión y con amor por su audiencia.

Los principios éticos no son flexibles. La ética es una sola. No existe tal cosa llamada "ética del trabajo". Una mentira pequeña y blanca es siempre una mentira.

Cada vez que usted rompe una promesa o un principio moral, crea una pequeña fisura en las bases de su integridad. Cuando las cosas se ponen más difíciles se le hará entonces más fácil mantenerse íntegro.

Integridad es la fundación sobre la que muchas otras cualidades se construyen, tales como respeto, dignidad y confianza. Y sin integridad un líder no podrá ejercer influencia alguna, con lo que su posición está seriamente comprometida.

Integridad no es lo que hacemos sino lo que somos. Y lo que somos, determina lo que hacemos.

Una persona íntegra no sufre de doble personalidad, hipocresía o lealtad dividida. Es simplemente una persona completa, que puede ser fácilmente reconocida por su actitud, porque no tiene nada que esconder ni que temer.

A diario tenemos que luchar con situaciones que demandan decisiones entre lo que queremos y lo que deberíamos hacer. Afortunadamente nuestra integridad establece las reglas para salir con facilidad de esos conflictos y nos hace libres para ser esa persona completa ante cualquier circunstancia.

No todo es perfecto

Se cree que los líderes naturales son talentosos, habilidosos y preparados para todo. Más no siempre es así. Los líderes pueden tener períodos de dificultad, muy especialmente en asuntos de carácter.

Por eso es necesario que sean probados con frecuencia. Y si tienen la tendencia a tomar su propio camino y buscar solo el beneficio propio, con mayor razón.

Véalo de esta manera: cada vez que usted tiene que soportar el peso de la adversidad, está siendo preparado, sus facultades son refinadas para que esté en condiciones de servir y conducir a su gente de la mejor forma posible.

Sea un ejemplo a seguir

El principio gerencial por excelencia es: La gente hace lo que ve.

Lamentablemente algunos líderes bajan la guardia, una vez que han alcanzado cierto nivel de experiencia y un buen record de logros, abandonan el estilo de vida que los ayudó a alcanzar la cima. Tristemente esta clase de líderes olvidan el principio enunciado antes.

Si usted quiere ser exitoso, viva, personifique, represente bien lo que usted desea ver en sus seguidores.

Liderazgo no es solamente lo que usted hace; es lo que usted es. Esa es una de las razones del magnetismo que poseen los buenos líderes.

Si usted desea hacer grandes cosas en su vida, entonces busque la manera de ser mejor persona y líder. Para alcanzar grandes metas, usted debe ser un líder más efectivo. Para atraer la mejor gente, usted debe ser una mejor persona. Para alcanzar excelentes resultados, usted debe ser una persona de gran carácter, consistente, competente y con propósito.

Liderazgo centrado en principios

Cada líder debe poner las verdades que conoce, que entiende o que descubre, en la forma de principios que le guíen, le protejan y le permitan evaluarse constantemente. Los líderes positivos comprenden la importancia de su claridad mental para el futuro de la organización. Considere los siguientes principios:

- Sus pensamientos determinan su carácter moral. Cuídese de ellos; se pueden convertir en palabras en cualquier momento
- No malgaste sus pensamientos en cosas fútiles. Disciplínelos para que no se desvíen de lo que es correcto
- La primera persona que usted lidera es usted mismo, el primer órgano que usted debe dominar es su mente
- Mantenga la confianza en su Visión

Cada líder debe establecer una lista de prioridades, siempre dando el primer lugar a las cosas más importantes. Ello quizá signifique algo más de esfuerzo, de juicio y sentido común, pero hay que hacerlo antes de que nos domine la tentación de hacer primero las cosas fáciles, o las que nos dan renombre y posición, o quizá las urgentes.

El respeto se gana, no se impone

La gente no sigue a otros por accidente. Siguen a aquel a quien respetan por su liderazgo.

Dicho respeto viene dado por las cualidades que emana el líder: actitud, respeto por los demás, humildad, competencia, claridad.

Con sacrificios

¿Qué precio está usted dispuesto a pagar para ser un líder más efectivo?

Es importante tenerlo claro. Como líder, quizá no le sea requerido que deje su país o renuncie a todas sus posesiones, pero si tiene que estar seguro de que el liderar a otros tendrá un precio. No lo desestime.

Cuando algunas cosas salen mal, o van mal, o están mal, aún con la verdad y justicia de su lado, usted quizá no pueda deshacer el entuerto.

Una pelea continua por sus derechos lo muestra a usted mirando hacia atrás y no hacia adelante, y pueden convertirlo en una persona resentida y molesta.

Si dejamos de preocuparnos por nuestros derechos, podemos enfocarnos en la dirección correcta y movernos hacia adelante. Es mejor reconocer los errores, perdonarlos, y enfocarnos en nuestras responsabilidades, lo que si podemos controlar. Cuando lo hacemos así, se incrementa nuestra energía, se reconstruye nuestro potencial y mejoran nuestras perspectivas.

Los líderes positivos deben llevar una vida de altos estándares en cuanto a valores y principios. Quizá las posiciones de liderazgo conlleven una serie de privilegios, pero la responsabilidad es una carga pesada. Los líderes pueden renunciar a todo, excepto a esa responsabilidad, tanto sobre ellos mismo como sobre su organización.

Mucha gente está presta a reclamar sus derechos, pero no a asumir sus responsabilidades… los líderes positivos son exactamente lo opuesto.

Dar es mejor que recibir

Aspirar a una posición de liderazgo es bueno, pero hay una gran diferencia entre dar un paso adelante para aceptar la responsabilidad que ello implica y ponerse en la mira de los demás solo por asegurarse una promoción. El camino al liderazgo involucra servicio. Los líderes positivos saben guardar silencio cuando la situación lo amerita y en cualquier momento pueden estar dispuestos a hacer toda clase de sacrificios en beneficio de su organización. Cuando usted tenga la oportunidad de liderar, primero busque servir y hágalo bien.

En la vida no es lo que usted tiene lo que hace la diferencia. Es más bien lo que usted hace con lo que tiene. Es una cuestión de actitud. No hay nada que tenga mayor impacto como el dar a otros. Mucha de la gente positiva que conozco es aquella que tiene ese espíritu y esa actitud ante el dar, y no necesariamente son los que más tienen. Conozco algunos que tienen muy poco, pero son extraordinarios en esto del dar y compartir. Así como los hay quienes han sido bendecidos con posesiones materiales, familias pudientes y carreras maravillosas, pero que no entienden el concepto del dar y no son, por ende, lo exitosos que podrían.

Como líder usted debe cultivar una actitud de desprendimiento. Comience por mostrarse generoso respecto a los demás, preocúpese por los beneficios de su equipo más que de los suyos, muestre lealtad y usted recibirá lealtad, y valore mucho la interacción con la gente.

No hay nada que hable mejor que la generosidad de un líder. Eso viene de muy adentro y está presente en cada aspecto de la vida del buen líder. La única manera de mantener una actitud de generosidad es hacer del dar un hábito. Y hablo del dar tiempo, atención, guía, recursos.

Para cultivar esta cualidad, haga lo siguiente:

- agradezca cuanto usted tiene
- vea a los demás antes que a usted mismo
- desarrolle el hábito de dar
- no permita que el materialismo le controle
- vea el dinero como un recurso

Sacrificios necesarios

Si un equipo no alcanza su potencial, rara vez es por falta de recursos; puede ser un problema de habilidades o de compensación. Algunas veces es necesario pedir ciertos sacrificios para el bien de la organización. Pero comience usted por modelar el camino. Muéstreles que usted está dispuesto, por el bien del equipo, a hacer sacrificios financieros, a continuar creciendo, a facultar a otros y a tomar decisiones difíciles si es necesario.

Una vez que usted ha generado la credibilidad necesaria, puede comenzar a pedir a otros que hagan lo mismo, indíqueles qué sacrificios deberían hacer y cómo hacerlos.

Luego reconozca públicamente los esfuerzos y prémielos.

Cada persona en la vida tiene la opción de escoger la disciplina que a menudo implica sacrificios y luego crecimiento, o escoger el camino fácil el cual solo deja el resentimiento por las oportunidades perdidas.

La mayoría de los grandes líderes son disciplinados. Dos áreas de autodisciplina en líderes son: las emociones y el tiempo.

Los líderes efectivos reconocen que sus reacciones emocionales son su responsabilidad.

Respecto al tiempo, cada persona en el mundo dispone de la misma cantidad de minutos en un día, pero los disciplinados maximizan el uso de sus minutos.

Ejerciendo influencia positiva

Influencia

Es una formula sencilla:

Competencia + Carácter + Conexión = Influencia

Observe su influencia

Creo que de una u otra manera todos tenemos cierto nivel de influencia. Por supuesto, unos más que otros.

Nadie está excluido de ser un líder o un seguidor. Es su responsabilidad aprovechar y desarrollar su potencialidad de líder. Luego, evalúese y hágase las preguntas necesarias para determinar su nivel de liderazgo, credibilidad y aceptación dentro de la organización.

Relaciones positivas

No siempre es cómodo asociarse con personas que están adelante o por encima de uno, en cuanto a posición o desarrollo, pero siempre es rentable. Trate de cultivar buenas relaciones con aquellas personas que pueden ayudarlo a usted a crecer, pero haga de ella una relación ganar-ganar. No trate de aprovecharse, al contrario, de vez en cuando aporte algo.

Establezca relaciones con gente positiva, dedicada a crecer, que tenga valores y prioridades que le fortalezcan a usted y motiven su deseo de crecer.

Viendo la gente que usted ha seleccionado y con quienes comparte su tiempo y sus ideas, es fácil deducir en qué dirección se ha encaminado usted.

Liderazgo y relaciones van juntos, no se pueden separar. Cuando los líderes asumen que todos les seguirán incondicionalmente debido a su posición, están cometiendo un gran error.

Para lograr esa sinergia liderazgo-buenas relaciones se requiere:

- Evitar la hipocresía
- Ser leal con los colegas
- Dar preferencia a otros
- Ser hospitalario
- Devolver bien por mal
- Identificarse con otros
- Ser de mente abierta
- Tratar a todos con respeto
- Promover la paz y armonía
- Eliminar sentimientos de venganza

Influir en otros

Probablemente seamos capaces de producir cierto impacto en casi cada persona de nuestro entorno, pero tenemos que reconocer que nuestro nivel de influencia no es el mismo con todos.

Alguien puede pensar que todas sus ideas son grandiosas, otros pueden ver cualquier cosa que usted dice con cierto grado de escepticismo. Y otros pueden incluso adorar cualquier idea simple presentada por su jefe o sus colegas, pero con las suyas nada.

El influir es una cosa curiosa, pero necesaria, y vaya que cuesta trabajo.

Los líderes efectivos siempre están a la caza de la mejor gente posible, pero eso no es determinado por lo que usted quiere, sino por lo que usted es. Generalmente usted atrae gente que posee las mismas cualidades que usted.

Cada líder tiene una cierta medida de magnetismo, que puede impactar a otros de diferentes maneras, dependiendo de cómo el líder lo use. Dicho magnetismo no es estático, cambia eventualmente.

Si usted piensa que la gente que está atrayendo podría ser mejor que usted, quizá sea tiempo de buscar una mejora personal.

La posición no hace al líder

Quizá el título da cierta autoridad, pero no necesariamente el poder para influenciar y dirigir. Esa influencia viene de la persona, debe ser ganada. ¿Y cómo se logra?

- Promoviendo unidad e identificación
- Irradiando credibilidad
- Cooperando con otros líderes claves

Todo líder necesita recursos financieros y humanos para alcanzar sus metas. Además de una buena gestión en pro de dichos recursos, la clave para lograrlos está en el nivel de compromiso que se tenga. Una vez que el líder se compromete, los recursos en sus diferentes presentaciones comenzarán a fluir: personas, materiales, reuniones, herramientas, etc.

Conecte primero

Si usted quiere influir en la gente de manera positiva, establezca la conexión.

Antes de lograr que la gente lo acompañe en cualquier jornada, usted tiene que entender dónde están, moverse hacia ellos para hacer contacto y conectar con ellos. Si esa conexión es exitosa usted puede llevarlos a niveles más altos en su relación y en su desarrollo.

Sea que usted está nuevo en la posición o bien establecido en ella, debe conectar bien con la gente si quiere ser exitoso.

Pero esa conexión no se refiere solo a su contacto con las masas; usted debe conectar con los individuos también. En la medida que la relación sea fuerte, más posibilidades existen de que el líder reciba la ayuda necesaria.

La conexión con la gente no es complicada, pero requiere esfuerzo. Considere estas acciones y verá los resultados:

- Su gente estará más dispuesta a tomar acción cuando usted toca su corazón y emociones
- Si usted da en primer lugar, su equipo dará en retribución
- Al usted conectar con individuos, ganará la atención de las multitudes

Un gran error consiste en tratar de dirigir o conducir a un grupo de personas sin haber establecido o desarrollado un buen nivel de relación.

Tómese el tiempo necesario para conocer a cada uno. Pídales que compartan sus historias e identifique sus necesidades, fortalezas, debilidades, temperamento, etc.

Por último, pase tiempo con ellos fuera del ambiente normal de trabajo. Eso será el pegamento final para la relación.

Confianza en sí mismo

La confianza es característica de una actitud positiva.

Líderes y otras personas exitosas mantienen la confianza a pesar de las circunstancias. Es una cualidad no simplemente para mostrarla, es también para crecer en facultades y autoestima.

La gente no seguirá a un líder que no tenga confianza en sí mismo. Los grandes líderes, confían en sí mismos y son capaces de inculcar confianza en su equipo.

Siendo agente de cambio

Tomando la dirección correcta

Dos etapas en las que el liderazgo es muy necesario son:

- Cuando usted trata de crear movimiento en un equipo que no va a ninguna parte
- Cuando usted debe ser un agente de cambio

Autodisciplina es una cualidad que se gana con práctica. Si no se tiene o si se es impaciente, se tiende a buscar atajos, lo cual no deja dividendos en el largo plazo. Uno de los obstáculos más comunes en la ruta hacia el éxito es esa tendencia a tomar atajos. Si usted nota que su disposición es a actuar por impulsos, entonces es tiempo de revisar y cambiar.

El mejor método es establecerse estándares que requieran responsabilidad. Una vez establecidos, sígalos y evite sus impulsos o estados de ánimo.

Los grandes líderes pueden distinguir las diferentes vías y decidir la mejor, especialmente en circunstancias difíciles.

VIA COMÚN	LA OTRA VÍA
Venganza, represalia	Perdón, amor incondicional
Emocional; altos y bajos	Carácter, valores, principios
Reactivo	Proactivo

Cambiar por algo mejor

Si usted realmente quiere alcanzar su mayor potencial y cumplir su propósito en la vida, debe estar dispuesto a hacer concesiones y cambiar. Se requiere pasión para continuar creciendo y aprendiendo, y aún estar dispuesto a hacer transacciones.

Gente poco exitosa generalmente no ha trabajado lo necesario para desarrollar algo que valga la pena cambiar o intercambiar.

"Casi todos pensamos en cambiar el mundo, pero nadie piensa en cambiar a sí mismo"

Muchos creemos que crecer y alcanzar altos niveles de desempeño es buenísimo, pero muy pocos dedicamos tiempo a ello. La razón es que el crecimiento implica cambios, y cambiar le resulta difícil a la mayoría de las personas. Pero la verdad es que, sin hacer cambios, el crecimiento resulta imposible.

Y si no se está dispuesto a crecer, nunca se alcanzará el máximo potencial. Esa actitud solo nos dejará ser individuos promedios o menos que eso.

Cómo y cuán rápido se adopta el cambio

Ciertas organizaciones presentan los cambios como un pequeño remozamiento de "la forma en que se hacen las cosas", aunque se trate de cambios radicales y completos.

Independientemente de la forma en que el cambio sea presentado, la gente responde en 5 maneras o categorías diferentes:

- innovadores, originadores de ideas, casi nunca reconocidos como líderes,
- aquellos que reconocen una buena idea cuando la ven,
- la mayoría, que dependen de la opinión de otros,
- generalmente el último grupo en apoyar una idea,
- siempre están contra el cambio, alienados por el pasado

Dirección y motivación

Cuando de cambios y su manejo se trata, hay una diferencia significativa entre un gerente y un líder. Generalmente un gerente está mejor preparado en cuanto a los requerimientos técnicos, mientras que el líder entiende mucho mejor los aspectos motivacionales y actitudinales.

Veámoslo desde otro ángulo. Al inicio de un proceso de cambios o reingeniería las competencias del líder son esenciales. Una vez que el proceso arranca, se requieren las habilidades de un gerente para el mantenimiento necesario. Ayuda poner ambos aspectos en el papel, tanto los pros y contras del cambio como el impacto psicológico.

En períodos de transición

Lograr que el equipo se mueva como un todo es un logro. Hacia dónde es lo que importa. Entre otras cosas usted debería:

- Hacer los cambios necesarios para construir un mejor equipo
- Ganar el apoyo de los miembros del equipo
- Comunicar claramente metas, dirección, planes

- Desarrollar y equipar

Los procesos de cambio, especialmente de liderazgo, pueden causar serios problemas en las organizaciones.

Se necesita que la transición sea suave, sin traumas. La recomendación para el líder que entrega a un sucesor es seguir estas sugerencias:

- Incorporar individuos claves al proceso
- Dar todos los recursos posibles al sucesor, que sean reconocibles por el equipo
- Hacer un anuncio público de su completo apoyo al sucesor
- Promover una celebración del cambio de liderazgo

Los cambios de liderazgo a menudo traen tiempos difíciles. Los líderes que no planean su partida adecuadamente atraen muchos problemas.

Considere lo siguiente antes de una transición:

- Dado que los cambios generan inseguridad en la gente, los líderes deben ver hacia adelante y preparar cuidadosamente la transición.
- La gente puede vivir con cierta incertidumbre, pero no sin claridad acerca de la dirección futura
- La introducción temprana y bien hecha del nuevo líder genera credibilidad y tranquilidad

Capítulo 7. Calidad en la ejecución

Buscando la excelencia

Ser competente suena y es muy diferente a ser altamente competente.

Las personas competentes tienen todo lo necesario para completar el trabajo y hacerlo bien.

Los altamente competentes se distinguen y tienen algunas cosas en común:

- Compromiso con la excelencia
- Atención a los detalles
- Ejecución consistente
- Rendimiento y resultados muy por encima del promedio

Los líderes pueden hacer cualquier cosa, pero no todas las cosas.

Un buen plan con las prioridades correctas casi siempre da los resultados esperados. De lo contrario, todo aparecerá y será tratado como urgente, dando lugar a que lo urgente desplace a lo importante.

Acá vale la pena recordar el Principio de Pareto: el 20% del esfuerzo produce el 80% de los resultados.

¿Cómo podemos planear y organizar con éxito?

- Determine el propósito primario
- Asigne tiempo para planear y organizar
- Entienda la situación actual antes de desarrollar una estrategia
- Asigne prioridades a las necesidades y metas del equipo
- Establezca metas reales, específicas, medible y alcanzables
- Comunique ampliamente a su equipo
- Identifique los obstáculos posibles y tenga un plan de contingencia
- Presupueste costos y tiempos
- Revise resultados, evalúe y ajuste en consecuencia

Los líderes y las organizaciones hacen planes y cambian estrategias constantemente. Por eso los líderes deben preguntarse constantemente si sus planes aún están alineados con lo que quiere la organización.

¿Cuán relevantes son dichos planes con la Visión, valores, objetivos y necesidades?

¿Están los planes en armonía con la cultura y tiempo actual de la organización?

Creo que toda persona, talentosa o no, habilidosa o no, aún puede contribuir significativamente si posee un espíritu tenaz y persistente. Y eso significa:

- Dar todo lo que se tiene, no más de lo que se tiene
- Trabajar con determinación
- Detenerse cuando el trabajo esté hecho, sin prisa ni pausas innecesarias

Los grandes líderes deben ser maestros en cuanto a habilidades e integridad. Tener una sin la otra conduce al fracaso.

Esta lista contiene claves importantes hacia la excelencia:

- Valore la excelencia, como estilo de vida
- No se conforme con el promedio
- Preste atención a los detalles
- Comprométase con lo que realmente importa
- Demuestre integridad y ética… siempre
- Muestre respeto genuino por los demás
- De más del 100%, la milla extra
- Sea consistente
- No detenga su mejoramiento

Administración sabia del tiempo

Un buen líder necesita saber si la tarea justifica su inversión de tiempo. Si usted no sabe dónde está yendo su tiempo, esa es una mala señal.

¿Qué pasaría si el líder no tuviera que hacer esa tarea específica?

¿Hay alguien más que pueda hacerlo y para quien hacerlo significaría un tiempo bien invertido?

El tiempo es oro; el buen líder debe poseer buenos hábitos para gastarlo.

Sea muy cuidadoso al luchar por sus metas. Determine si su enfoque es el correcto, si usted está intentando alcanzar lo que es correcto o que realmente cuenta en el momento.

Considere la siguiente lista cuando necesite decidir dónde invertir su tiempo y energía:

- ¿Es esto consistente con mis prioridades?
- ¿Está en mi área de competencia?

- ¿Podría alguien más hacerlo mejor que yo?
- ¿Tengo el tiempo para ello?

> Mucho se ha investigado acerca de qué es lo hace a la gente verdaderamente exitosa. A menudo se piensa en credenciales, inteligencia, educación y otros factores. Pasión es lo que hace la diferencia… incrementa tu disposición, te cambia, te permite lograr imposibles:
>
> - Tus deseos determinan tu destino
> - Es el combustible para tu voluntad
> - Tu pasión por lo que haces influye más que tu personalidad
>
> El líder con más pasión siempre sobresale.

Capítulo 8. El valor de un Mentor

Seleccione bien a su Mentor

Todo líder necesita amigos leales que le puedan ayudar a perseverar en tiempos difíciles.

Nadie triunfará por su propia cuenta.

Asegúrese de contar con ese alguien que le fortalezca, le imparta ánimo y le provea el consejo oportuno.

Todo líder necesita un mentor, especialmente aquellos nuevos o en desarrollo. Esta necesidad está muy bien delineada en la siguiente lista de Principios de Liderazgo:

1. El líder debe entender perfectamente su rol
2. Debe renunciar a sus ambiciones del pasado
3. Amerita un mentor excelente
4. Un buen líder procura siempre su crecimiento y desarrollo

Sea cauto en la selección de sus consejeros internos o externos. Ellos lo pueden elevar o quebrar a usted Cada líder necesita construir ese círculo que le de valor y refuerce su liderazgo dentro de la organización. En la selección busque las siguientes características:

- Gente creativa
- Lealtad
- Talento
- Visión compartida
- Influencia
- Integridad

Sea también un seguidor valioso

Saque provecho de sus relaciones con los demás, en sentido positivo. Si usted selecciona un Mentor, convierta esa relación en algo enriquecedor para ambos. Siga estas sugerencias:

- Haga las preguntas correctas y claves
- Evite que su ego afecte su aprendizaje
- Respete a su Mentor, no lo idealice
- Aplique de inmediato cada lección aprendida
- Muestre disciplina
- No renuncie ante la primera dificultad

Había mencionado la importancia de ayudar a los demás. Es la clave del éxito.

No olvide hacerlo también con quienes le han dado la mano a usted y han contribuido a su éxito como líder. Téngalos en una lista privilegiada y esté presto a brindarles una mano, sus dos manos para apoyarles y compensarles por el apoyo que usted recibió en su momento.

Haga sonar la alarma

He encontrado muy útil que alguien cercano me ayude a monitorear mi comportamiento y actitud, y haga sonar la alarma cuando note algún desvío o problema potencial.

Particularmente la ayuda que solicito es en relación con las siguientes áreas:

- ¿Estoy manteniendo las prioridades correctamente?
- ¿Estoy siendo responsable de mis acciones?
- ¿Me muestro demasiado preocupado con mi imagen y prestigio?
- ¿Estoy aislado en cuanto a mi liderazgo y vida personal?
- ¿Reconozco honestamente mis debilidades?
- ¿Continúo tratando a mi equipo con respeto y dignidad?

Capítulo 9. Manejando el conflicto

No se tome usted mismo tan en serio

He visto mucha gente que se toma demasiado en serio, y que constantemente cargan negativismo y abatimiento. Simplemente necesitan aligerar la carga y alegrarse un poco.

Si usted tiende a tomarse demasiado en serio, tómese un descanso y déselo a quienes lo rodean. Esté abierto a aceptar el valor de la risa y comparta la suya con los demás.

Esa es la mejor forma de levantarse y continuar después de una pequeña caída o un estrepitoso fracaso.

Si falla, levántese y siga adelante

Tener una caída puede ser crítico, pero el tiempo que ésta dure puede ser determinante.

En la vida siempre habrá problemas, pero usted necesita ponerse de pie y continuar lo más pronto posible.

Aprenda lo más que pueda de su error y cuanto antes retorne al juego.

Henry Ford dijo: "Una falla es la oportunidad para comenzar de nuevo, más inteligentemente"

Todos fallamos y cometemos errores. Pero el fallar debe ser visto como el precio que tenemos que pagar para ser exitosos. Comprendiendo esto y la lista que sigue, debemos estar listos para fallar, para caer, pero hacia adelante.

- Usted aprende lecciones… no hay errores, solo lecciones
- Una lección se repite hasta que es aprendida
- Si usted no aprende las lecciones fáciles, ellas se hacen cada vez más difíciles
- Usted sabrá si ha aprendido la lección cuando sus acciones cambien

Maneje a sus críticos

Tenga en cuenta que usted no es vulnerable y que puede ser criticado sin razón y con ella. Gente que no es feliz puede generar críticas contra usted, sepa manejarlas.

Acá hay algunas sugerencias:

- Mantenga su humildad
- Entienda la diferencia entre crítica constructiva y destructiva
- Vea más allá de la crítica para entender al crítico
- Sea específico acerca del problema
- Cuide su actitud respecto a la crítica
- Espere pacientemente el momento para demostrar lo erróneo de la crítica

Entienda y luego dirija

Los líderes necesitan responder a los individuos en base a sus necesidades y no a sus faltas. Miden cada situación y disciernen qué debe ocurrir para alcanzar las metas deseadas.

Los líderes positivos generalmente siguen estos pasos durante situaciones críticas:

- No temen admitir que necesitan escuchar y entender
- Evalúan qué ha pasado y cuáles son los mejores pasos a seguir
- Comunican a los individuos claves lo que han observado
- Actúan en base a sus hallazgos incluso si eso implica cambios
- Proveen dirección